AF535799

Nichts wird so bleiben, wie es war?

Ulrike Guérot

Nichts wird so bleiben, wie es war?

Europa und die Krise – eine Zeitreise

MOLDEN

**Für Peter Jelinek,
Katja Sinko & Paul
Kindermann –
stellvertretend für die
Next Generation Europe**

Inhalt

Kapitel

I.
Wo kommen wir her? Das europäische Lebenselixier

„Europa ist heute in Europa die letzte politisch wirkungsvolle Utopie.“
Ulrich Beck, 2004

Europa und Corona – wie wird es weitergehen mit Europa? Diese Frage wurde mir während dieser Krise oft gestellt. Von März bis Mai 2020 Ausnahmezustand, geschlossene Grenzen, Ausgangssperren oder Beschränkungen, digitale statt analoge Treffen. Europa – wieder einmal – in der Krise: Wird die Solidarität halten, werden die Grenzen wieder aufgehen? Und wird dann alles wieder so sein, wie es war? Welche Blessuren, welche neuen Risse gar wird der Kontinent davontragen? Wird die Corona-Krise das politische Projekt Europa stärken oder uns weiter auseinandertreiben? Wird die EU endlich ihr *Governance*-System verändern, wie viele seit langem anmahnen? Oder wird die Corona-Krise die verschiedenen politischen Bruchlinien, unter denen Europa schon so seit langem leidet, nur verstärken? Brexit, Populismus, Migrationskrise, Nord-Süd- und Ost-West-Spaltung, Demokratieabbau und was nicht noch alles. Mindestens seit einer Dekade kennt der europäische Kontinent – und damit seine Jugend! – nur noch Krisen. Und die EU ist Teil des Problems.

Die Erinnerung an das, was wir in diesen Ausnahmemonaten gemeinsam erlebt haben, wird die Zukunft Europas in der nächsten Dekade bestimmen. Die *kritische Theorie der Erinnerung* besagt, wie der Politologe Peter J. Verovšek herausgearbeitet hat, dass gemeinsame Erinnerungen der Humus, der Nährboden für das sind, was in der Zukunft gemacht wird. Kollektive Erinnerungen sind die Antriebsfeder für gemeinsames Handeln.

Die Frage ist also: Hat Corona das, was wir erlebt haben, nämlich die grelle Erfahrung der *Nicht*-Solidarität zu Beginn der Krise, die fast panischen Grenzschließungen, die Konfiszierung von medizinischem Material *trotz* Binnenmarktes, haben sich diese Bilder in unserem kollektiven europäischen Gedächtnis so eingraviert, dass jetzt daraus Lehren für die europäische Zukunft gezogen werden?

Anstatt kopflos die Grenzen zu schließen – teilweise mitten durch Dörfer oder Städte hindurch, wie im Elsass, an der deutsch-dänischen, deutsch-polnischen oder österreichisch-slowenischen Grenze –, hätte man im Februar die Patienten aus Bergamo in andere Teile Europas ausfliegen können. Hilfe statt Panik? In Nordeuropa waren zu diesem Zeitpunkt noch alle Intensivbetten frei. Wahrscheinlich würden wir dann heute stolz sagen: Europa hat seine Feuerprobe bestanden: *Alle Menschen werden Brüder*, wie es in Beethovens *„Ode an die Freude"* heißt.

Hat es aber nicht. Noch nicht. Es wurde laut und oft nach Solidarität gerufen im Frühjahr 2020. Aber ob Europa in den nächsten Monaten wirklich solidarisch ist, das wird sich, jetzt, wo die Solidarität angesichts der Zahlen der Rettungspakete ein imposantes Preisschild erhält, erst noch erweisen müssen.

Nie wieder was?

Seit 1950 war der Schrecken an gemeinsame Erinnerungen in Europa der Treiber für eine gemeinsame Zukunft. Die heutige EU, die europäischen Strukturen, in denen wir leben, sind nichts anderes als in politische Form gegossene Erinnerung, eine Reaktion auf die beiden schrecklichen Kriege, den Holocaust, jenen Bruch mit der Zivilisation zwischen 1914 und 1945. Laurent Gaudé, ein französischer Lyriker, schreibt in seinem fantastischen europäischen Gedichtband *„Nous, l'Europe – Banquet des Peuples"*: „Was wir in Europa teilen, ist, dass wir alle Schlächter und Opfer waren." Aus der kollektiven Traumatisierung entstand der „utopische Entwurf" Europas, aus ihr erwuchs jenes mächtige *„Nie wieder Krieg"*, das zum Zement der heutigen EU wurde, in der wir leben. Der *europäische Traum* war es immer, es in der Zukunft *zusammen* besser zu machen als in der Vergangenheit. Wie könnte ein solcher Traum heute aussehen? *Nie wieder* Bergamo? *Nie wieder* russische Trucks, kubanische Ärzte, chinesische Flugzeuge in der Lombardei, aber keine europäischen Fahnen? Geschweige denn europäische Ärzte? *Nie wieder* geschlossene Grenzen? Solidarität! Was hieße das heute?

In den vergangenen 70 Jahren war es die Stärke Europas, das sich über die Jahrzehnte von der EGKS (Europäische Gemeinschaft für Kohle und Stahl) zur EWG (Europäische Wirtschaftsgemeinschaft) und von da zur EU entwickelte, ja, war es die *Essenz* Europas, aus jeder Krise zu lernen. Jedes Mal, wenn in einer Krise erfahrbar wurde, wo es in Europa an Solidarität fehlte, wurden im Nachgang zu dieser Krise Politikfelder vergemeinschaftet. In den 1950er-Jahren wurde, vor dem Hintergrund des amerikanischen Marshallplans, die Produktion von Kohle und Stahl vergemeinschaftet bzw. gemeinsamer Kontrolle unterstellt, damit kein Land mehr allein Panzer bauen und mithin kein Land mehr einen Krieg vorbereiten konnte.

In den 1970er-Jahren, nachdem sich die europäischen Staaten nach dem Wegbrechen des amerikanischen Goldstandards und des Bretton-Woods-Systems gleichsam einen „Währungs*krieg*" geleistet hatten, unter dem alle europäischen Länder, Abwertungsländer (Italien) wie Aufwertungsländer (Deutschland), *gleichermaßen* wirtschaftlich gelitten hatten, entstand als Reaktion auf diese unheilvolle Erinnerung der Plan eines Binnenmarktes und einer vergemeinschafteten Währung. In der Einheitlichen Europäischen Akte von 1986 boxte der damalige Kommissionspräsident Jacques Delors den europäischen Binnenmarkt durch, der nach Angleichung von zigtausend Rechtsakten 1992 offiziell eingeführt wurde. Ein Markt, eine Währung: Der deutsche Bundeskanzler Helmut Schmidt und der französische Präsident Giscard d'Estaing stellten parallel dazu schon

1979 Pläne für den Ecu vor, nachdem die Europäische Währungsschlange schon in den 1970er-Jahren eingeführt worden war. Zu Beginn als völlig utopische Idee wahlweise beschrien, belächelt oder bekämpft, brauchte der Euro letztlich 23 Jahre und den Fall des Eisernen Vorhangs, um 2002 endlich Wirklichkeit zu werden. Ich erinnere mich genau, wie ein Hersteller von Geldautomaten noch im Frühjahr 1998, als ich als Direktorin bei der *Association for the Monetary Union of Europe* in Paris arbeitete, fragte: „Glauben Sie denn wirklich, der Euro kommt?" Manchmal geht es schneller, als man denkt: Heute ist Europa ohne den Euro nicht mehr vorstellbar.

Europa, stete Vergemeinschaftung also, eine *ever closer union*, so steht es im Vertrag von Maastricht von 1992. Die sukzessive Vergemeinschaftung von Institutionen – Markt, Währung, Ausbildung (Erasmus), Rechtsraum (Schengen), Grenzschutz (Frontex) – ist gleichsam das Lebens*elexier* der EU. In der Politikwissenschaft nannte man es lange die neofunktionale Methode, nämlich dass sich aus jedem Schritt *wirtschaftlicher Integration* immer ein bisschen mehr *politische Einheit* in Europa ergibt. Über Jahrzehnte ist das gut gegangen. Aber irgendwann ist dieser Faden der steten Vergemeinschaftung gerissen. Und zwar schon lange vor Corona! Vor allem junge Leute kennen dieses Lebens*elexier* der EU, das Prinzip der steten Vergemeinschaftung, nicht einmal mehr. Seit rund 20 Jahren sind Krisen in Europa bestenfalls Vorwand für immer mehr Renationalisierung.

70 Jahre ist sie inzwischen alt geworden, die „alte Dame EU". Am 9. Mai 2020 beging sie, aufgrund von Covid-19 ohne große Feierlichkeiten, eine kleine digitale Geburtstagsfeier. Wie viele 70-jährige Damen ist sie alles zugleich: liebreizend, aber ein bisschen schrullig, unverwüstlich und zugleich fragil, ein wenig aus der Zeit gefallen, aber noch sehr präsent. Ich erinnere mich noch, wie ich 1986, damals 22-jährig, durch das mit bunten Wimpeln geschmückte Bonn – die damalige deutsche Hauptstadt – fuhr: Die Einheitliche Europäische Akte war 1986 gerade mit viel Prunk unterzeichnet, die bordeauxrote, einheitliche Passhülle und

Beethovens *Ode* als europäische Hymne ersonnen worden. Es herrschte eine freudig erwartungsvolle Aufbruchsstimmung, die man sich heute kaum noch vorstellen kann. *Dass* Europa die Zukunft sein würde, war jedenfalls klar. Heute ist es das nicht mehr, obgleich Europa ungleich notwendiger ist.

Irgendwie hatte die EU eine Art Midlifecrisis mit Anfang 50, so um die Jahrtausendwende herum, von der sie sich im Grunde nicht mehr so richtig erholt hat. Der Euro wurde 2002 noch erfolgreich auf den Weg gebracht, aber jede Ambition, den Euro, wie geplant, in eine gemeinsame europäische Haushalts-, Fiskal- und Sozialpolitik einzubetten, ist seither im Sand verlaufen. Das musste Europa schon während der Bankenkrise 2008 bis 2012 schmerzhaft bereuen. Zwar gelang 2004 die EU-Osterweiterung, aber die eigentlich beabsichtigte institutionelle Vertiefung lief völlig aus dem Ruder. Die Europäische Verfassung von 2003 scheiterte. Seither gilt eine Verfassung als politisch zu heiß, um noch einmal in Angriff genommen zu werden. Deswegen sind die europäischen Bürger*innen die *verkannten Subjekte* der europäischen Integration, wie der Berliner Sozialhistoriker Harmut Kaelble schreibt: Sie haben in Europa im Wesentlichen nichts oder nicht viel zu sagen. Die europäische Außen-, Sicherheits- und Verteidigungspolitik wiederum ist aus einem stiefmütterlichen Dasein nie herausgewachsen, was Europa in der internationalen Arena zu einer vernachlässigbaren Größe macht. Nach den erfolgreichen *Grand Projets* – Binnenmarkt, Euro, Osterweiterung – wusste die *midlife-crisis* geschwächte, ein bisschen aus dem Leim gegangene Dame EU irgendwie nicht mehr richtig, was sie tun sollte. Sie hatte sich eingerichtet in einer gewissen technokratischen Behaglichkeit, funktionierte mehr schlecht als recht, meist fernab einer großen Öffentlichkeit, und ist zugleich unverzichtbar und ungeliebt.

Keine der vielen Krisen in den letzten 20 Jahren war irgendwie arg oder einprägsam genug, um daraus ein neues, europäisches *Nie wieder* zu machen: *nie wieder* eine gescheiterte Verfassung, *nie wieder* eine Bankenkrise, *nie wieder* Sterben im Mittelmeer. Europa raffte sich nicht mehr auf, *vergemeinschaftete* nichts mehr, es duckte sich vielmehr weg. Möge es mit Durchwursteln noch einmal gut gehen. Möge es niemandem auffallen. Möge sich niemand daran erinnern, dass mit *ever closer union* einmal etwas anderes geplant war. Seit rund zwei Dekaden ist die EU zu einem permanenten zähen *Ja, aber* geworden. Zu gut, um sie zu kritisieren. Zu schlecht, um sie zu lieben. Und jetzt Corona. Was bedeutet das europäische *Nie wieder* nach Corona? Und gibt es überhaupt eines?

Die Sehnsucht nach einem *anderen* Europa

Corona stellt erneut die Frage: Was machen wir zusammen auf dem europäischen Kontinent? Und wie machen wir es? Die historische Mission, eine souveräne, transnationale europäische Demokratie zu bauen, in der Form einer politischen Union, wie sie schon im Manifest von Ventotene von 1941 imaginiert wurde, ist aktueller – und realpolitisch ferner – denn je. Corona hat die Sehnsucht nach einem *anderen* Europa aktiviert: Werden öffentliche Güter jetzt europäisch gefördert, zum Beispiel das Gesundheitswesen? Bauen wir europäische Schnellzüge von Kopenhagen bis Lissabon, weil wir das Klima retten wollen und die Flieger am Boden bleiben? Kommt jetzt das Ende der neoliberalen Agenda in Europa, die schon zu lange politische Systeme wie gleichermaßen Menschen pervertiert und zulässt, dass sich eine morbide Fäulnis in die Gesellschaften hereinfrisst? Gibt es jetzt eine europäische Wirtschaftspolitik jenseits einer ideologisierten Schuldengrenze, ein Europa für die Bürger*innen und ihre Belange? Ein *gemeinwohl*orientiertes Europa? Vieles spricht dafür, dass Populismus und Nationalismus nicht die Ablehnung *Europas* zum Kern haben, sondern eine Reaktion auf einen entgleisten und durch die EU verstärkten *Liberalismus* sind, der in politische Erklärungsnöte gekommen ist.

Kommt jetzt das Ende der neoliberalen Agenda in Europa, die schon zu lange politische Systeme wie gleichermaßen Menschen pervertiert und zulässt, dass sich eine morbide Fäulnis in die Gesellschaften hereinfrisst?

Zu Beginn der Corona-Krise gab es unzählige europaweite Aufrufe von Künstler*innen, Wissenschaftler*innen und NGOs dazu, von *System Change*, Systemwechsel, gar war die Rede. Das Fenster der Geschichte war weit offen, *Unerhörtes* wurde auf einmal möglich: Macron suspendierte seine Rentenreform, die EU setzte zugleich Schuldenbremse und Schuldengrenze von 60% aus, der kerosinfreie Himmel (*Fridays for Future* hatten davon geträumt!) war blau. Der italienische Premierminister Conte sprach im deutschen Fernsehen. Man sichtete wieder Delphine in der Bucht von Venedig und Eulen in Athen – alles lange nicht mehr dagewesen. Im April 2020 wurde ein Rettungsschirm von knapp 1,8 Billionen (!) aufgespannt. Sparpolitik war gestern. Eine Revolution im ökonomischen Denken, der Neoliberalismus auf die Guillotine! Geldausgeben kein Problem, sogar der deutsche Ex-Finanzminister Wolfgang Schäuble, der Oberguru der europäischen Sparpolitik nach der Bankenkrise von vor zehn Jahren, bezeichnete sich in einem Interview im *Spiegel* als *Keynesianer*. Europa entschied sich, Leben über Zahlen zu stellen. Was für ein Moment für das *Neudenken*, für einen *Neubeginn* Europas, zumal dieser seit langem eingefordert wurde.

Träume sind Schäume! Schon jetzt, wenige Monate später, scheint auf den ersten Blick nicht viel davon geblieben. Kaum ist der *Lockdown* vorüber, scheint es auf den ersten Blick nichts Dringenderes zu geben, als – mit viel Rettungsgeld zwar – wieder hurtig in die Loipen eines alten, dysfunktionalen Systems zurückzukehren. Doch halt: Wer die Flut der oft drögen Papiere studiert, die nach Corona in Brüssel zirkulieren, der stellt schnell fest: Es weht ein neuer Wind, zumindest ein Lüftchen! Europa jetzt, jetzt endlich, jetzt richtig? Wird jetzt nicht nur *pragmatisch* weitergemacht, sondern auch einmal darüber *nachgedacht*, wie ein vernünftiges, bürgernahes politisches System in Europa aussehen müsste? Anders formuliert: Gelingt jetzt eine Erweiterung des europäischen Friedensprojektes dahingehend, dass die europäischen Bürger*innen im Mittelpunkt der europäischen Bemühungen stehen, dahingehend, dass die *soziale* Frage in Europa *vergemeinschaftet* wird? Greift die Einsicht um sich, dass ein immer unsozialeres Europa, ein strukturell in Nord und Süd oder Stadt und Land gespaltenes Europa per se nicht friedfertig sein kann? Geprellte und verkannte Bürger wehren sich irgendwann: Kurz vor Corona (schon vergessen?) bevölkerten die *Gelbwesten* französische Straßen und es gab wochenlang Streiks. Jetzt demonstriert in Frankreich das Gesundheitspersonal, weil Klatschen während der Krise nicht genug ist. Im Juni 2020 war der im März versprochene einmalige Krisenzuschlag von 500,– Euro für das Gesundheitspersonal in Deutschland immer noch nicht ausbezahlt. Solidarität rufen kostet nicht viel, sie einzulösen ist oft ein Kraftakt.

Kurz vor dem Ziel – oder: Die drei Stufen der europäischen Befriedung

Man könnte die bisherige, 70-jährige Geschichte der europäischen Integration auch in drei „Befriedungsepochen" einteilen: die 1950er-Jahre als Dekade der *militärischen* Befriedung (EGKS); die 1980/90er-Jahre als Dekade der *wirtschaftlichen* Befriedung durch den gemeinsamen Markt und die Währung; jetzt, nach Corona – das ist die Frage –, ein Europa der öffentlichen Güter, ein Europa für die Menschen, ein Europa der *sozialen* Befriedung? Befriedung, das heißt letztlich: keine Konkurrenz! Innerhalb Europas nicht (unlauter) zu konkurrieren, ist das zentrale europäische (Friedens-)Versprechen, ihm gilt fast der gesamte europäische Rechtsbestand des europäischen Wettbewerbsrechts. Kann dieses Prinzip der Unterbindung von (unlauterer) Konkurrenz nach Corona von der *wirtschaftlichen* Ebene des Binnenmarktes auf die *soziale* Ebene, auf die der europäischen Bürger*innen ausgeweitet werden, die durch den Euro zu weiten Teilen schon einen Sozialvertrag eingegangen sind? Denn Bürger einer politischen Einheit – Europa – sollten nicht konkurrieren: nicht um Atemmasken, Krankenhausbetten und auch nicht um Kurzarbeitergeld oder eine Arbeitslosenversicherung.

> Befriedung, das heißt letztlich: keine Konkurrenz!

Die Briten beenden mit dem Brexit jene zweite „Befriedungsepoche" der europäischen Geschichte, nämlich jene Unterbindung unlauterer Konkurrenz in der Wirtschaft, genannt Binnenmarkt. Brexit – wer erinnert sich? – war vor Corona das europäische Dauerthema, ein EU-Austritt, der, obschon gewollt, faktisch unmöglich schien. Wenn jetzt die EU Großbritannien vollen Zugang zum Binnenmarkt ohne Zölle und andere Einfuhrbeschränkungen anbietet, im Gegenzug dafür aber die Einhaltung europäischer Sozial- und Umweltstandards verlangt, dann geht es um nichts anderes als um Vorkehrungen gegen unlauteren Wettbewerb: ein sozialer und ökologischer *race to the bottom* – mit dem die Briten jetzt ihre Souveränität zeigen wollen –, aber vollen Marktzugang behalten, wäre ein britischer Wettbewerbsvorteil zulasten des europäischen Kontinentes. Wer die Einlassungen des britischen Handelsministers zu diesem Thema hört, der hört – allein am Tonfall – trotz aller Bekundungen zu *partnerschaftlichen* Lösungen: Es geht zwischen der EU und Großbritannien wieder um *Handels*krieg. Und Handelskrieg ist eine Form von Krieg. Wer mit britischen Beamten spricht, der kann sie schon vernehmen, die *subtilen* Drohungen, eine Veränderung in der ganzen Art, wie miteinander umgegangen wird. Es gibt wieder *Wenns* und *Danns*, Schlagabtäusche, beide Seiten *rüsten* sich für jenen Moment, in dem Großbritannien aus der EU-*Rechts*gemeinschaft austreten wird, und sei es ohne Vertrag. Recht wird gemacht, damit Fäuste nicht zählen. Wer sich noch daran erinnern kann, wie freudig Großbritannien sich 1998 unter Tony Blair aufmachte, erst die europäische Außen- und Sicherheitspolitik zu dynamisieren, dann Schengen und gar dem Euro beitreten zu wollen, der kann sich heute nur die Augen wischen: Gerade einmal 20 Jahre ist das her, alles nur geträumt? So schnell kann es gehen, dass ein europäischer Traum zerplatzt und man in einem Alptraum erwacht.

Die eigentliche Frage ist also, ob Europa – in diesem Fall Kontinentaleuropa – nach Corona in letzter Not zu seiner politischen Essenz, seinem *Elixier* zurückkommen kann, in dem es entscheidende Dinge, die in den verschiedenen historischen Epochen jeweils für die europäische Solidarität notwendig gewesen sind, *vergemeinschaftet*: das *Militärische* 1950, die *Wirtschaft* und die *Währung* durch den Binnenmarkt und den Euro 1980 / 1990 und jetzt die europäischen *öffentlichen Güter* und das *Soziale*, zum Beispiel in Form einer europäischen Arbeitslosenversicherung? Oder ob die EU weiterhin am politischen Abgrund entlangschlittern will und sich immer nur genau so weit stabilisiert, dass sie ihn nicht hinunterfällt? Aber eben auch keinen Millimeter mehr: *Vergemeinschaftung*, auf keinen Fall!? Wer nicht will, findet Gründe; wer will, findet Wege.

Was will die EU nach Corona und will sie genug?

Nichts wird bleiben, wie es war? Wird jetzt alles anders? Stabilisierung der EU oder institutioneller Fortschritt? Genau dies war, man erinnert sich, zu Beginn der Krise im März 2020 auch die Scheidelinie der Diskussion, als von italienischer oder auch portugiesischer Seite die prompte Forderung nach „Corona-Bonds“ aufkam: unmöglich! Temporäre Hilfe ja, damit niemandem etwas passiert, schallte es aus dem Norden. Aber auf keinen Fall dürfe die Corona-Krise zum Vorwand für strukturelle Reformen genommen werden, für einen europäischen Systemwechsel, konkret: für den Einstig in eine Haftungsgemeinschaft. Dabei ging es bei den Diskussionen in den ersten Krisenwochen nie um eine Vergemeinschaftung von Altschulden, sondern *nur* um gemeinsame Anleihen in der Zukunft, d.h. um Zinsgleichheit bei der Neuaufnahme von Schulden. Überhaupt: Europa, zumindest das Europa, auf das wir heute stolz sind – der Binnenmarkt, der Euro –, war letztlich nie etwas anderes als ein permanenter Systemwechsel. Ihn außer Kraft zu setzen hieße gleichsam, den Wirkungsmechanismus Europas zu beerdigen, Europa sein Lebens*elixier* zu nehmen. Diese Aversion gegen Vergemeinschaftung, auf die man einst so stolz war, wo kommt sie her? Wo führt sie hin? Und ist sie der eigentliche Sargnagel der EU?

Immerhin hat die EU aus der letzten Bankenkrise gelernt, dass mit Sparen allein buchstäblich kein Staat zu machen ist und auch sonst nicht viel Gutes entsteht. Jetzt wird Geld ausgegeben, was das Zeug hält. Aber daraus allein entsteht noch keine europäische Gemeinschaft, wenn eben keine neuen Strukturen geschaffen, keine neuen Weichen gestellt, keine neuen Institutionen begründet werden. Wo keine Institutionen, da keine administrativen Reflexe, da keine europäischen Gewohnheiten, keine Macht, keine Souveränität. Politischen Zugriff gibt es immer nur auf das, was institutionell geregelt ist. Wer ein *solidarisches* Europa wünscht, muss für ein *souveränes* Europa sorgen. Souverän ist, wer über den Ausnahmezustand entscheidet. Soll Europa über den nächsten Ausnahmezustand gemeinsam entscheiden, muss es zuvor institutionell handlungsfähig gemacht werden.

Was also müsste jetzt institutionalisiert werden? Ein Pandemie-Zentrum? Eine europäische Gesundheitsbehörde? Oder, wie während der Krise fix ersonnen, auch ein europäisches Kurzarbeitergeld (SURE), um den wirtschaftlichen Schock gemeinsam abzufedern und Europa nicht in Länder bzw. Volkswirtschaften zu unterteilen, die sich ein Kurzarbeitergeld leisten können, und andere, die das nicht können? Alle diese Fragen liegen nicht erst seit Corona auf dem europäischen Tisch und alle sind hart umkämpft. Es geht, wie seit eh und je in der Geschichte der europäischen Integration, wieder darum, welche *Solidarität* scheibchenweise *institutionalisiert* wird, damit nicht *beliebig* ist, dass geholfen wird. Sondern europäische Verpflichtung!

Solidarität versus Krieg

Ein Blick in die Geschichte zeigt: Wenn man nach Solidarität ruft, liegt eigentlich Unruhe oder gar Krieg in der Luft. Das konnte der Wiener Historiker Wolfgang Schmale in einer Untersuchung über die letzten 200 Jahre empirisch nachweisen. Je mehr in europäischen Zeitungen über Solidarität geschrieben und nach ihr gerufen wurde, desto schlechter war es um Europa bestellt. Die großen Ausschläge nach oben beim Ruf nach Solidarität kann man zum Beispiel in den Jahren 1848, 1852, 1870 oder auch 1914 beobachten. Danach brach immer Krieg in Europa aus. Würde man den Februar / März 2020 in diese semantische Studie einbeziehen, dann zeigte die Kurve sicherlich wieder mit einer großen Zacke nach oben.

Einen Krieg wird es heute in Europa natürlich nicht geben. Zumindest nicht *so* einen Krieg wie damals. Aber einen um Atemmasken? Um einen Impfstoff? Darüber, wer am *besten aus* der Krise herauskommt? Wer die *wenigsten* Corona-Opfer zu beklagen hat? Wer die *beste* Krisenstrategie hatte? Wer das *größte* Konjunkturprogramm schnüren kann? Mehrere Kommentatoren bemerkten, dass sich der

Zahlenvergleich in den täglichen Abendnachrichten zum Teil wie Kriegsberichterstattung anhörte. Noch ist die Messe der europäischen Solidarität nicht gelesen. *Nie wieder Krieg*, das heißt heute etwas anderes als 1950. Solidarität bedeutet wesentlich mehr, als sich nicht die Köpfe einzuschlagen.

Die wahre Feuerprobe dürfte Europa in einem wirtschaftlich ebenso wie sozial heißen Herbst 2020 bevorstehen, in den diese Zeitreise hineingeschrieben wird, steht doch mit rund 9% Wachstumseinbuße europaweit die größte Rezession seit dem Zweiten Weltkrieg bevor. Die Haushaltdefizite werden laut derzeitigen Prognosen überall in Europa zwischen 7 und 10% wachsen, die Schuldenstände aller europäischen Staaten ansteigen, der von Italien auf vermutlich ganze 170%.

Noch werden wir nicht allabendlich mit den Arbeitslosen-Zahlen oder Insolvenz-Berichten konfrontiert, wie über Monate mit den Corona-Infektionszahlen. Und doch zeichnet sich jetzt, im Sommer 2020, schon zweierlei ab: All die Unterschiede, die eine demokratische, soziale Politik stets auszugleichen bemüht ist, vor allem der *Gender Gap* und die Unterschiede zwischen Arm und Reich, könnten durch Corona zugenommen haben. Und das *Nobody-Left-Behind* hat nicht wirklich funktioniert. Frauen und Kinder, es hat sich inzwischen herumgesprochen, sind in vielerlei Hinsicht Krisenverlierer, und das, obgleich uns vor allem die Frauen der unteren Einkommensschichten vielfach durch diese Krise getragen haben. Bis heute wurden die versprochenen Zuschüsse für den Kauf eines Computers – der die Voraussetzung für *Home-Schooling* ist – an einkommensschwache Familien nicht ausgezahlt. Die sozial ohnehin Benachteiligten hat es insgesamt härter getroffen als diejenigen, die sich mit einem MacBook in ein Ferienhaus flüchten konnten. Alle, die in ökonomischen Grauzonen leben, keine festen Arbeitsverträge oder nur Teilzeitjobs haben, Schwarzarbeiter, Geringverdiener, egal ob Kleinkünstler, Zuckerbäcker auf Jahrmärkten oder Prostituierte, kurz: das untere Fünftel der Bevölkerung. Europa wird seit langem schleichend refeudalisiert und Corona hat diese Tendenz beschleunigt.

Der französische Ökonom Thomas Piketty hat in seinem Standard-Werk *„Das Kapital im 21. Jahrhundert"* (das Buch wurde inzwischen verfilmt) herausgearbeitet, dass die Vermögensunterschiede in Europa heute mindestens ebenso groß, wenn nicht größer sind als 1913, und jeder weiß, was danach passiert ist. Wird sich das rächen? Wird das politisch hochkochen? Wer vermag das heute schon zu sagen. Europa hat die Pandemie aufgrund seiner sozialen Sicherungssysteme deutlich besser überwunden als die USA. Aber wird es reichen? Noch ist der *Wumms* mehr Psychologie denn Realität, wird er alle mitnehmen? Ökonomen sprechen bereits von Europas *Ground Zero* und die ergriffenen wirtschaftspolitischen Maßnahmen haben den Charakter eines *„Whatever it takes"*, jener berühmten Worte von Mario Draghi während der Bankenkrise im Juli 2012. Immerhin hat Europa begriffen, dass es schnell und massiv handeln muss.

Rezession, Populismus und was dann?

Denn wie schnell eine Rezession populistisch ausgeschlachtet werden kann, das hat Europa vor rund einhundert Jahren bereits leidvoll erfahren. „Transferunion" oder „Corona-Bonds", das alles sind verhängnisvolle Reizwörter, mit denen der ressentimentgeladene *Populus* gefüttert werden kann, wenn es eng wird, wenn das Nationale *vor* das Europäische gestellt wird, anstatt zu verstehen, dass das eine ohne das andere nicht funktioniert. „Corona-Bonds", so zum Beispiel der ehemalige EU-Kommissar Günther Oettinger, seien geradezu „ein Programm für Rechtspopulisten". In Deutschland vielleicht. In Italien ist es genau umgekehrt: Keine europäische Solidarität ist Wasser auf die Mühlen von Matteo Salvini, der, so sagen mir italienische Freunde, nur auf die Gelegenheit seines politischen Comebacks wartet. Bedarf es eines anderen Beweises dafür, wie verwoben wir sozial, ökonomisch und politisch in Europa längst schon sind? Eine radikale rechte Szene in Europa steht mit ihrem „verlängerten parlamentarischen Arm", den populistischen Parteien, bereit. Längst haben sie überall in Europa, von Ungarn über Deutschland bis Frankreich, den politischen Boden umgepflügt, das Internet gekapert, die öffentlichen Debatten verseucht. Dazu dringen sie in Institutionen wie Polizei und Armee ein, versuchen Erinnerungskulturen umzuschreiben und werben aktiv um die junge Generation, vor allem um junge Männer. Sie warten nur darauf, die nächste europäische Schwäche auszunutzen.

Man muss, um das zu erspüren, nur morgens das Radio anmachen. Oder aufs verwaiste europäische Land fahren: nach Brandenburg, ins französische Ardèche oder ins spanische Andalusien. Oder in einen problematischen Vorort gehen, ganz egal wo in Europa: Dijon oder Lyon, Duisburg oder Bydgoszcz. Oder in Städtchen wie das italienische Ferrara, einst linke Hochburg, jetzt unter dem Mehltau der Lega. Europa ist in allen seinen Teilen politisch fragil geworden.

Die EU, das kraftvollste, schönste Friedensprojekt der Nachkriegsgeschichte, hat viele Verlierer produziert in den letzten Jahren. Europa welkt, ohne zu sterben. Nicht nur diejenigen, die ins rechte Milieu abgewandert sind, sondern auch diejenigen, vor allem Migranten – marokkanische, türkische, ukrainische – in Frankreich, Deutschland oder Polen, die vom (National-)Staat, der sie beherbergt, nichts zu erwarten haben. Jüngsten Schätzungen zufolge wohnen in der EU rund 25 Millionen Drittstaatler, die am unteren Ende der sozialen Skala in die Wertschöpfungsketten der europäischen Staaten hinein arbeiten, aber keine EU-Bürger sind, weil sie keine Staatsbürgerschaft eines EU-Landes und mithin weder Teilhabe noch Mitsprache haben: Europa, ein viel geteilter Kontinent …

Europa, nie wieder *Wirtschafts*krieg. Europa, kein *Sozial*krieg? Das sind wieder die Themen nach Corona! Es ist hochpolitisch und wird immer schwieriger durchzusetzen sein. Wer heute in öffentlichen Diskussionen nachdrücklich für Europa ist, stößt oft auf Widerstand, beißt auf Granit. Es ist anstrengend geworden, für Europa zu sein, das ist der eigentliche Unterschied zu früher.

Wer ist das *Wir*?

Wer sich im Juni 2020 durch die europäischen Nachrichtenprogramme zappte, konnte die subtile Renationalisierung des Diskurses und das Hochschwappen klassischer Vorurteile mit den eigenen Ohren vermessen. Ein französisches *Nous* und ein deutsches *Wir*. Die „Sparsamen Vier" mittendrin, der vermeintlich prassende Süden. Gerade *die* Franzosen, das ist natürlich ein Tabu, aber es wird trotzdem darüber gesprochen, leiden wieder unter einem Minderwertigkeitskomplex gegenüber Deutschland: Weniger Tote, größerer Rettungsschirm, wie machen *die* das nur? *Die* Schweden haben es anders gemacht. *Die* Italiener haben es schlecht gemacht. Kränkungen sind Treiber von Politik. Im französischen Feuilleton zirkulierte während Corona ein altes französisches Buch *La crise allemande de la pensée française*, die deutsche Krise im französischen Denken, ein Buch der Zwischenkriegszeit, das analysiert, dass in der Zeit zwischen 1870 und 1914 vor allem Minderwertigkeitskomplexe und Kränkungen kriegsvorbereitend, kriegstreibend wirkten. Mit dem Denken fängt es immer an: Was soll dieses Buch 2020 im französischen Feuilleton? Nach 70 Jahren erfolgreicher europäischer Integration?

Wenn Corona der Moment hätte sein können, ein *europäisches Wir* zu schaffen, dann wurde er bisher nicht genutzt. Wir alle sind nicht aus der nationalen Spur gekommen, von der Emmanuel Macron in einem Interview in der *„Financial Times"* im Mai 2020 sagte, sie sei die „natürliche Form". Sondern tiefer in ihr versunken. Wieso aber ist der Nationalstaat noch die *natürliche* Form, wenn wir seit 70 Jahren ein politisches Projekt Europa auf diesem Kontinent zusammen betreiben? Heißt Europa im Kern nicht das Ende der *nationalen* Vergleiche? Wie viel politische Arbeit und Energie wird es jetzt wieder kosten, genau diese aus dem kollektiven Gedächtnis zu tilgen, nämlich die beschämende, unreflektierte Schnelligkeit, mit der wieder auf nationale Rhetorik umgestellt wurde, als sei dies ein *normaler* Akt nach 70 Jahren Integration, als seien die Menschen jenseits der Grenze nicht auch Europäer*innen? Europa, immer noch nicht *normal*?

Die schreckliche Erfahrung der Corona-Krise war genau jene *Nicht-Normalität* Europas! Die Leichtigkeit, mit der mühsam Errungenes auf einmal verspielt war. Wie schnell es ging und möglicherweise wiederkommt. Wo doch auf der anderen Seite der Grenze auch mit dem Euro bezahlt wird und selbstverständlich erwartet wird, dass die Ru-män*innen in Österreich oder Deutschland den Spargel stechen und die Schweine zerteilen und die Zitronen aus Spanien kommen. Sind die europäischen Bürger*innen womöglich die großen Verlierer der Corona-Krise? Oder können gerade sie jetzt zu den Akteuren eines *anderen* Europa werden? Konsequenterweise steht die Forderung nach politischer und rechtlicher Gleichheit der europäischen Bürger*innen derzeit hoch im Kurs in Brüsseler Papieren: Der prinzipiell gleiche Anspruch auf Versorgung, auch im Gesundheitsbereich, im Pandemie-Fall darf nicht durch nationale Grenzen durchbrochen werden.

Europa den Bürger*innen, die Bürger*innen zuerst, das ist der jetzt mit aller Kraft und in letzter Minute versuchte europäische *Wumms.* Kann es gelingen oder kommt es zu spät? Niemand hat eine Antwort! Aber niemand kann leugnen, dass seit langem ein *Run* auf die Umgehung der europäischen Rechtsgemeinschaft eingesetzt hat: Die Briten sind bald raus aus den sozialen und ökologischen Binnenmarktregeln, der europäische Osten verabschiedet sich zunehmen aus dem werteliberalen Spektrum (Abtreibung, gleichgeschlechtliche Partnerschaft, *Queer*-Politik) europäischer Politiken, selbst das deutsche Bundesverfassungsgericht will den EuGH nicht ohne weiteres als übergeordnet akzeptieren. Die EU als Rechtsgemeinschaft? Vergleichbar einem bei weitem nicht vollendeten Gobelin-Teppich. Wenn aber die EU ihrem Wesen nach nichts ist als eine Rechtsgemeinschaft, was passiert dann gerade in Europa? Und wie lange wollen wir leugnen, *dass* es passiert? Europa, das heißt eben nicht in erster Linie, die gleichen Werte zu teilen, sondern die gleichen Rechte zu haben. Und die erodieren langsam. Jeder ist sich längst selbst der Nächste.

Wer zu spät kommt, den bestraft das Leben

Immer deutlicher wird, dass der *Point of no return*, der Punkt, ab dem ein System seine innere Regenerationsfähigkeit verliert, der Punkt, an dem die Gleichzeitigkeit von zu vielen verschiedenen Krisen unüberschaubar und politisch nicht verhandelbar wird, dass dieser *Point* für die EU näher zu rücken scheint. Worum geht es *in und mit Europa* nach Corona? Um eine neue Wirtschaftspolitik? Um die Interessen der europäischen Bürger*innen? Das europäische Gemeinwohl? Eine neue, modernisierte Infrastruktur? Um militärische Handlungsfähigkeit? Um ein europäisches GAFA? Um Unabhängigkeit von China? Um die Bekämpfung von Populismus? Die Rettung des Klimas? Die Bekämpfung von Trockenheit und Artensterben? Um offene Gesellschaften und klare Grenzen? Um europäische Handlungsfähigkeit nach innen und nach außen? Das Unübersichtliche ist, dass es in Europa um das alles – und nichts ohne Europa geht. In letzter Konsequenz geht es um europäische Souveränität, um europäische Handlungsfähigkeit und damit letztlich um europäische Staatlichkeit. Schon vor Corona hat Macron in mehreren Reden europäische Souveränität angemahnt, wurde dafür aber nur müde belächelt. Kurz: Es geht um europäische Steuern, Geld und Macht. Also ums Eingemachte. Wir begreifen es nur nicht. Oder weigern uns, es zu begreifen und entsprechend zu handeln. Europa ist vielfach zur *Chiffre* geworden, zur politischen Leerstelle.

Corona, so der bulgarische Intellektuelle Ivan Krastev zu Beginn der Krise in der *„ZEIT"*, bedeute für Europa mehrere Paradigmenwechsel: die Rückkehr des *Staates*, eine gesellschaftliche und technologische *Transformation* und eine veränderte *Geopolitik*. In dieser Zeitreise möchte ich aufzeigen, dass alle drei Paradigmenwechsel nur dann gelingen könn(t)en, wenn sie *zusammen* gedacht und die europäischen Bürger*innen in den Mittelpunkt dieses Prozesses gestellt werden. Ohne Legitimation, ohne europäische Souveränität, ohne ein politisches Ziel, das ist die hier vertretene These, werden alle drei Paradigmenwechsel nicht gelingen – oder nicht demokratisch gelingen. In der Corona-Krise, so sagten etwas pathetisch die beiden deutschen Ex-Außenminister Joschka Fischer und Sigmar Gabriel, geht es um Leben und Tod – auch für Europa!

Europa muss darum wieder zu einem *politischen* Projekt werden. Und das kann es nur, wenn es sein Lebenselixier, jene Methode der *Vergemeinschaftung* wiederfindet. Bei der nächsten Vergemeinschaftung muss es nach Corona nicht um Güter (Binnenmarkt) und Geld (Euro), sondern um die politischen Subjekte Europas, die europäischen Bürger*innen selbst gehen. Sie müssen zu einer europäischen *Bürgergemeinschaft* werden. Für sie muss perspektivisch der allgemeine politische Gleichheitsgrundsatz gelten: Gleichheit vor dem Recht in allen Belangen, jenseits von Nationalität und ganz egal, in welchem europäischen Staat sie wohnen.

Darum schaue ich im Folgenden auf drei sehr verschiedene und oft nicht verknüpfte Europadebatten: Erstens auf das, was sich die *europäischen Bürger*innnen* von Europa wünschen, und warum sie derzeit – darauf gründet die Hoffnung – zu den eigentlichen Treibern der europäischen Diskussion geworden sind, zu *Agenten* des europäischen Fortschritts. Zweitens darauf, was die europäische Industrie bräuchte, um wettbewerbsfähig zu bleiben und um die digitale und elektro-mobile Transformation zu stemmen, die dem Kontinent mit dem *Green New Deal* bevorsteht. Und warum Geoökonomie und Geostrategie zusammenhängen, warum also das, was die europäische Wirtschaft tut oder nicht, die Rolle Europas in der Welt, wenn es zukünftig überhaupt noch eine gibt, entscheidend beeinflussen wird. Und drittens – wirtschaftliche Unabhängigkeit und politische Souveränität gehören zusammen –, was die politischen Akteure der EU, die „Nationalstaaten“, für Europa tun bzw. nicht tun.

Meine zentrale These ist, dass, während die europäische Industrie – die klassische wie die neue FinTech-Industrie – das nationalstaatliche Korsett bereits weitgehend abgestreift hat und die europäischen Bürger*innen mit ihren Wünschen wiederum viel weiter sind als die (meisten) Politiker*innen, die Regierungen beiden Bewegungen politisch hinterherhinken. Post-Corona-Europa – ein in allen Aspekten des gesellschaftlichen, wirtschaftlichen und sozialen Lebens gemeinsam geteilter europäischer Raum für alle europäischen Bürger*innen – kann nur entstehen, wenn die europäische Zivilgesellschaft eine Allianz mit der europäischen Industrie eingeht und beide die *Politisierung* Europas fordern. Jenseits von *Green New Deal* und Rettungsschirmen geht es in Europa um eine neue *Sinnstiftung*, die von den europäischen Bürger*innen ausgehen und von der europäischen Industrie flankiert werden muss.

Was wir nicht hoffen, ist, dass es für ein politisches Europa längst zu spät ist. Und dass Corona, allen derzeitigen Solidaritätsbekundungen zum Trotz, eigentlich der Moment unser aller Aufwachen aus dem europäischen Traum ist. Der Moment, in dem klar wird, dass das Europa, das uns jahrzehntelang Frieden, Wohlstand, Freiheit und Demokratie garantiert hat, verspielt ist, bevor wir es richtig gemerkt haben, weil wir nicht bereit waren, den politischen Preis dafür zu entrichten, sondern sich jeder nur auf seine Weise an Europa bedienen wollte. Wir werden es zunächst wild leugnen. Und dann bitter bereuen.

Deswegen ist dieser Moment, sind die nächsten Monate der deutschen EU-Ratspräsidentschaft so enorm wichtig. Nichts geht in Europa ohne, geschweige denn gegen Deutschland. Und aus dem größten europäischen Land, das sich lange Jahre in einer behaglich dominanten Position in Europa eingenistet hat, kommen auf einmal wieder dezidiert europäische Töne, wie man sie lange nicht mehr gehört hat, auch und vor allem aus dem konservativen Parteienspektrum. Daraus könnte, zumal nach Jahren der europäischen Lethargie, tatsächlich ein „europäischer Aufbruch" entstehen, von dem Angela Merkel am 8. Juli 2020 im Europäischen Parlament gesprochen hat, denn es ist höchste Zeit, die „Next Generation Europe", von der Kommissionspräsidentin von der Leyen neuerdings spricht, vorzubereiten. Ein europäischer U-Turn in letzter Minute, eine scharfe Abbiegung in Richtung Europa: runter von der nationalen Autobahn, auf der derzeit viele mit gedrücktem Gaspedal rasen. Alle spüren: Es muss etwas passieren in Europa, und zwar etwas Großes, denn Europa darf nicht so bleiben, wie es war.

Der Moment, in dem klar wird, dass das Europa, das uns jahrzehntelang Frieden, Wohlstand, Freiheit und Demokratie garantiert hat, verspielt ist, bevor wir es richtig gemerkt haben, weil wir nicht bereit waren, den politischen Preis dafür zu entrichten, sondern sich jeder nur auf seine Weise an Europa bedienen wollte. Wir werden es zunächst wild leugnen. Und dann bitter bereuen.

Kapitel

2

II.
Europa, das sind wir Von der Staatenunion zur Bürgerunion?

„Theoretisch ist es überzeugender, nur die Individuen, die (zugleich) Staats- und Unionsbürger sind, als die einzigen Legitimationssubjekte zu konzipieren."
Armin von Bogdandy, 2012

„Zeig mir deinen Pass!"

Der Pass wurde während Corona in Europa wieder zum Kriterium. Dabei sind wir doch alle europäische Bürger*innen, oder etwa nicht? Das war – oder ist – zumindest das Versprechen des Maastrichter Vertrags, der die europäische Unionsbürgerschaft eingeführt hat. Den europäischen Bürger*innen blieb zu Corona-Zeiten der Grenzübertritt verwehrt. *Grundlos* über die Grenze, das ging nicht mehr. Mein älterer Sohn durfte mit seinem französischen Pass zunächst nicht von Paris nach München zu seiner Freundin (aber wo will man sonst hin in einer Krise?); ich durfte mit meinem deutschen Pass nicht zu meinem jüngeren Sohn nach Paris, der als Arzt in einem französischen Krankenhaus arbeitet und den ich während dieser harten Zeit gut hätte bekochen können. Wir waren bei weitem nicht die Einzigen: Rund 25 Millionen Europäer*innen leben, lieben oder arbeiten über die Grenzen hinweg. In elsässischen Dörfern wurden gar Kinder von ihren Müttern oder Vätern getrennt, wenn die, zum Beispiel, weil die Eltern nach einer Scheidung getrennt leben, auf der „anderen Seite" wohnten. An der deutsch-dänischen Grenze mussten Paare nachweisen, dass sie seit mindestens sechs Monaten zusammen sind. Wie bitte? Die europäische Freizügigkeit, ein europäisches Grundrecht, wurde im Handumdrehen außer Kraft gesetzt, semimilitarisierte Grenzen mit Stacheldraht wurden aufgezogen, deutsche Polizisten sollen im Affekt der Grenzkontrollen von *dreckigen* Franzosen gesprochen haben. Sicher alles Einzelfälle. Und doch. Wie dünn ist der europäische Lack eigentlich? Damit sind wir mitten im Thema: Europa nach Corona, wie müsste es aussehen, damit *das* nie mehr passieren kann? Die *europäische Unionsbürgerschaft*, was ist sie wert? Und warum ist diese Frage so *zentral* für ein anderes, demokratischeres, handlungsfähiges Europa, von dem die große Mehrheit der Europäer*innen immer noch träumt?

Die verkannten Bürger

Die europäischen Bürger*innen sind die *verkannten* Subjekte der europäischen Integration, bei der es in den letzten Jahrzehnten maßgeblich um den Binnenmarkt, den Euro oder die EU-Osterweiterung ging und wo immer nur die Staaten entschieden haben. Wie oft hat man in den letzten Jahren gehört, Europa müsse *bürgernäher* werden, die EU anders, direkter mit den Bürger*innen verknüpft werden? Sogar in offiziellen Brüsseler Papieren wird es zugegeben: *„Die Kluft zwischen Europäischem Parlament und europäischen Bürger*innen ist so groß, dass sie das EP daran hindert, die europäischen Bürger*innen angemessen zu vertreten"*, kann man dort lesen. Oje!

Denn darin liegt das zentrale Problem der EU. Die mangelnde Bürger*innen-Bindung an die EU begründet sowohl ihr Demokratie- als auch das Legitimitätsdefizit, zur Freude letztlich der AfD, der FPÖ oder auch Marine Le Pens, der Populisten also, die genau darauf herumhacken und es gegen die EU verwenden. Anders formuliert: Die europäischen Bürger*innen sind im klassischen Sinn in Europa *nicht* der Souverän. Da hilft es auch nicht, dass viele schöne Brücken, Straßen und Rotunden in ganz Europa mit

> Die europäischen Bürger*innen sind im klassischen Sinn in Europa *nicht* der Souverän.

europäischen Fondsmitteln gebaut wurden, daneben ein blaues, mit gelben Sternchen besetztes Werbeschild *„Dieses Bauvorhaben wurde mit Mitteln der EU realisiert."* Letztlich entscheiden nicht europäische Bürger*innen, sondern im Wesentlichen immer der Europäische Rat. Muss es da verwundern, dass die Zustimmungswerte zur EU seit Jahren bröckeln, außer einem kleinen Aufwärtstrend, den der Brexit (und die Angst vor einem weiteren Exit) den anderen EU-Ländern vorübergehend bescherte? Muss es da wundern, wenn vor allem die *Zufriedenheit* mit der EU immer wieder auf Messers Schneide steht, jüngsten Umfragen zufolge ziemlich genau bei rund 5 Punkten auf einer Skala von 0 bis 10? Auf Messers Schneide steht es sich nicht gut! Während der Corona-Krise wollten zeitweilig 50% der Italiener die EU verlassen. Wer will es ihnen verdenken?

Der europäische Bürger, was ist er, und was soll er sein? Alle fünf Jahre ist er aufgerufen zu Europawahlen, das letzte Mal im Mai 2019. Die Wahlbeteiligung lag bei 50,6% im europäischen Durchschnitt, die höchste seit 1994. Da ist sie, Messers Schneide: Die Hälfte der Wahlberechtigten interessiert sich für Europa, die andere nicht. Jetzt sollen die europäischen Bürger*innen europaweit in einer *Konferenz zur Zukunft* der Union befragt werden. Aber gibt es ihn überhaupt, *den* europäischen Bürger? Die Frage ist nicht trivial. Aber für Post-Corona-Europa extrem wichtig!

Schon 2004, im Zuge der damaligen europäischen Verfassungsdiskussion, veröffentlichte der französische Philosoph Étienne Balibar ein Buch mit dem Titel *Sind wir Bürger Europas?* Und verneinte die Frage. Seine damalige Antwort war ebenso vielschichtig wie lapidar: Am Ende des Tages sind wir, was unsere zentralen Rechte anbelangt, österreichische, deutsche, slowenische, französische, irische oder portugiesische etc. Bürger*innen, aber im Wortsinn eben keine europäischen. Nationalität, Residenz und politische Teilhabe fallen für inzwischen geschätzte 25 Millionen EU-Bürger*innen, die über die europäischen Binnengrenzen hinweg leben und arbeiten, auseinander. Ein Flickenteppich an persönlichen

Zuständen und Rechten, der dem normativen Anspruch einer europäischen Bürgerschaft nicht gerecht wird. Jeder, der in einer Grenzregion lebt oder arbeitet, weiß das. Und jeder, der einmal in einem Erasmus-Programm war oder sich über Landesgrenzen hinweg sozialversichert hat, auch. Europäischer Bürger zu sein ist anstrengend. Wo zahlt man Steuern, welches Arbeitslosengeld bekommt man, welches Kindergeld?

Anders formuliert: wo kein Staat, da keine veritablen Bürger*innen. Vielleicht erklärt das auch die Tatsache, dass bei Europawahlen immer extrem mobilisiert werden muss, um die Wahlbeteiligung nach oben zu bringen: Wir wählen zusammen ein Europäisches Parlament, aber wir haben keine Wahl. Es geht um nichts. Oder um nicht viel. Das Europäische Parlament hat kein Initiativrecht. Es kann zwar das europäische Budget – den mehrjährigen Finanzrahmen – ablehnen, aber nicht verhandeln, ja, es bestimmt nicht einmal die Spitze der Kommission, wie die Europäer*innen im Sommer 2019 schmerzhaft erfahren mussten: Frau von der Leyen ist nicht zur Wahl als EU-Kommissionspräsidentin angetreten, aber sie wurde dazu bestimmt. Europäische Demokratie mit *Geschmäckle*.

Die Europa, endlos fad und ermüdet?

Das Europäische Parlament war, obschon es in den zurückliegenden Jahren vielfach institutionell gestärkt wurde, auch in Corona-Zeiten, als in Brüssel Milliarden bewegt wurden, nicht oder kaum sichtbar. Ein Freund aus der EU-Kommission schrieb mir im April 2020, der Prozess während der Verhandlung der Rettungspakete war *far from ideal*, die supranationalen Elemente der EU waren auf lautlos geschaltet, das Europäische Parlament komplett, die Kommission in großem Maße. Die Regierungen der Mitgliedsstaaten haben alles gemacht. Wünscht man sich so eine bürgernahe, europäische Demokratie? Sicher nicht. Trotzdem würde in Europa jetzt wohl nichts mehr funktionieren, wenn es die EU nicht gäbe, wenn die EZB nicht gleich zu Beginn der Krise einen Rettungsschirm von zunächst 750 Milliarden –

plus, ein wenig später, von weiteren 600 Milliarden – aufgespannt hätte. Und die EU nicht wiederum einen *European Rescue Fund* von insgesamt 750 Milliarden aufgelegt hätte, davon 390 Milliarden Direkthilfen plus 360 Milliarden Kreditlinien. Dieser Sachverhalt beschreibt im Groben die Hilflosigkeit des politischen Diskurses über Europa: Die europäischen Bürger*innen kriegen davon in aller Regel wenig mit und entscheiden schon gar nichts. Das Europäische Parlament, die Vertretung der europäischen Bürger*innen, ist bei entscheidenden Fragen außen vor, würde aber auch nicht anders entscheiden können. Die Alternativlosigkeit europäischer Lösungen bedingt gleichsam ihre Legitimationslosigkeit. Europa als endloses *amor fati?*

Die *Entkoppelung* der europäischen Bürger*innen vom politischen Prozess in Europa ist also das zentrale Problem. Sie ist die Wurzel der Europamüdigkeit, der EU-Ablehnung und des anschwellenden antieuropäischen Populismus. Wer die EU nach Corona aus der Krise führen will, muss dieses Übel endlich beim Schopf packen. Es ist zunehmend eine Illusion, die Befriedung Europas durch die ökonomische Hintertür zu betreiben. Die zivilisierende Macht ökonomischer Verflechtung, die bisherige Logik der ökonomischen Befriedung Europas, hat mit Corona und den derzeit bewegten Billionen wohl endgültig ihre Grenzen erreicht. Europa braucht die Wiederentdeckung des *Politischen*!

Die zivilisierende Macht ökonomischer Verflechtung, die bisherige Logik der ökonomischen Befriedung Europas, hat mit Corona und den derzeit bewegten Billionen wohl endgültig ihre Grenzen erreicht. Europa braucht die Wiederentdeckung des *Politischen*!

Europa als ein abstrakter politischer Überbau, irgendwie gut für alle, aber für niemanden wirklich greifbar, das wird nicht mehr lange funktionieren. Die gute Nachricht ist: Brüssel hat es erkannt! Die ambitionierte soziale und ökologische Agenda, die jetzt in Brüssel im Zuge des *Rescue Funds* ausgerollt wird, bedarf einer demokratischeren und effizienteren Entscheidungsfindung, sie braucht neue Formen transnationaler, europäischer Demokratie. Die Debatte darüber, wie diese geschaffen werden könnte, ist voll entfacht. Das immerhin ist ein großer Unterschied zur Bankenkrise vor zehn Jahren, als die EU, die zum Sündenbock gemacht wurde und unter dem Druck der Nationalstaaten (die sich vor der Verantwortung wegduckten), gleichsam zum Einpeitscher für die damalige Sparpolitik mutierte und damit die europäischen Bürger*innen vergraulte: Den größten Zuwachs hatten populistische Parteien in Europa weit vor der Geflüchtetenkrise 2015, er fällt in die europäische Legislaturperiode von 2009 bis 2014.

Europa als ein abstrakter politischer Überbau, irgendwie gut für alle, aber für niemanden wirklich greifbar, das wird nicht mehr lange funktionieren.

Die wütenden, *verkannten* europäischen Bürger*innen waren damals schon da, protestierten lauthals, Stéphane Hessel schenkte der geprellten europäischen Jungen seine großartige Streitschrift *„Empört Euch!“* Einer recht gnadenlosen europäischen Troika war es damals egal. Sparen um jeden (ideologischen) Preis, die schwäbische Hausfrau lugte auf Bannern hervor wie damals Klementine – ältere Leser*innen werden sie noch kennen – auf der Persil-Reklame: *Banken vor Bürger.* Heute aber, so scheint es, hat die EU diese Lektion gelernt. *Bürger vor Geld!* Koste es – buchstäblich –, was es wolle. Aus den Brüsseler Post-Corona-Papieren atmet geradezu eine verwegene Absicht, sich diesmal vor die Interessen der europäischen Bürger*innen zu stellen. Es wäre eine große Wende!

No taxation without representation

Doch dafür muss geklärt werden, wer die europäischen Bürger*innen sind, die so nonchalant als *European Citizens* in den Papieren auftauchen. Im Corona-Sommer 2020 sind die politischen Streitigkeiten darüber, wer was für Europa bezahlt oder garantiert, und wer was bekommt, wie die Ausgaben, Rettungsschirme oder Direkthilfen gerechtfertigt und legitimiert werden, spannungsgeladen. *No taxation without representation*:

Europa ist mitten darin, dieses Prinzip einzufordern. Mitten in einem Moment, in dem *Europa* die Arena für die politische Verhandlung von Gerechtigkeit und der sozialen und ökologischen Frage wird! Sind alle europäischen Bürger*innen gleich oder sind einige gleicher als gleich – weil *ihr* Nationalstaat reicher, größer, besser, schöner ist? Das ist die neue Frage und sie liegt mitten auf dem europäischen Tisch.

Sind alle europäischen Bürger*innen gleich oder sind einige gleicher als gleich – weil *ihr* Nationalstaat reicher, größer, besser, schöner ist? Das ist die neue Frage und sie liegt mitten auf dem europäischen Tisch.

Im Mai 2020 schon zeichnete sich ab, dass der europäische Rettungsplan einerseits quantitativ für Italien nicht ausreicht, andererseits von einigen EU-Ländern als zu großzügig kritisiert wurde. Derweil Deutschland seine Firmen so massiv unterstützt, dass die Bundesrepublik ihre Makrodominanz in Europa nach Corona noch ausbauen könnte. Mehr *deutsches Europa*? Konkret beliefen sich die zugesagten deutschen Staatshilfen an der Gesamtsumme der Staatshilfen in der EU im Mai 2020 auf 52%, während Frankreich und Italien – weit abgeschlagen – bei jeweils 17% lagen, obgleich ihre Volkswirtschaften deutlich härter getroffen waren als die deutsche. Die am stärksten betroffenen Staaten (z. B. Spanien) haben die kleinsten Rettungspakete geschnürt, weil es zu mehr nicht reicht. Deutschland oder Österreich, beide eher glimpflich getroffen, haben Bazookas aufgelegt.

Kurz: Es sieht nicht unbedingt danach aus, dass wir *gemeinsam* aus der Krise kommen, sondern eher danach, sich die beste *Poleposition* wie bei der Formel-1 zu sichern. Vielleicht werden wir darüber mehr als nur *zanken*, sondern uns wirklich entzweien? Schaubilder über den *European Rescue Fund*, wie sie im Frühjahr 2020 zirkulierten – mit einem großen Balken für Italien, das am meisten *kriegt* –, sind wenig dazu angetan, ein Gemeinschaftsgefühl im Sinne einer europäischen Bürgerschaft zu vermitteln. Wenn der Anspruch ist, dass wir wirklich *gemeinsam* aus der Corona-Krise herauskommen, uns als *eine* politische Gemeinschaft verstehen, dann schüren solche grafischen Darstellungen eher Neid und Missgunst, und einen gegen-*die*-Reflex Warum so viel für *die* Italiener bezahlen?

Der populistische Druck kann perspektivisch nur weichen, wenn wir in Europa die nationale „Wir-Gruppe" im Denken auflösen, wenn aus der *nationalen* Gegenüberstellung eine *soziale* wird und Europa sich als soziale Gemeinschaft verstehen lernt: Denn wer sind *die* Italiener, wenn, wie im Wirtschaftsteil der *FAZ* jüngst detailliert berichtet wurde, auch die reichen Lombarden mit ihrer Perle Mailand im Zuge europäischer Kohäsionszahlungen den Wiederaufbau der schönen Altstädte in Krakau oder Breslau mitfinanziert haben? Gerade über Italien werden landläufig Klischees verbreitet. Denn Italien ist weder pleite noch zahlungsunfähig. Das Land ist der zweitgrößte Produzent von Industriegütern in der EU, verzeichnet Exportüberschüsse und hat EU-Spar-vorgaben oft rigoroser eingehalten als z.B. Österreich. Die einzige Achillesferse sind hohe Altschulden aus den 1980er-Jahren. *Tempi passati.*

Deswegen hat Premierminister Conte zu Beginn der Corona-Krise die angebotenen 38 Milliarden Direkthilfen empört zurückgewiesen: Er wollte „Corona-Bonds", also eine veritable Zinsgemeinschaft *mit*, keine gönnerhaften Zahlungen *aus* dem europäischen Norden. Die wenigsten wissen, dass die Italiener Nettozahler der EU sind, aber sicher nicht *die* Italiener aus Apulien oder Neapel. *Die* Österreicher aus dem Burgenland aber sind es auch nicht. Doch werden wir die Kraft haben, das so zu sehen, uns also alle als europäische Bürger*innen zu sehen? Genau darum geht es!

Der Begriff der europäischen Bürgerschaft ist das Denkangebot, Europa vom allgemeinen Gleichheitsgrundsatz für alle europäischen Bürger*innen her zu denken. Corona hat glasklar gezeigt, dass alle europäischen Bürger*innen unabhängig von ihrer nationalen Herkunft in großen sozioökonomischen Abhängigkeitsverhältnissen stehen. Kein europäisches Land kann den Binnenmarkt alleine retten, aber *alle* europäischen

Bürger*innen hängen letztlich von ihm ab. Die Ebene der politischen Verhandlung über Gerechtigkeit ist dann zwangsläufig Europa, da alle europäischen Bürger*innen theoretisch die gleichen Rechte und Ansprüche haben.

Anders formuliert: Das Gewahrwerden ungleicher Beziehungen und Abhängigkeiten – zum Beispiel „Nordeuropa" *gegen* „Südeuropa" – ist der Moment der Transformation, in dem die europäischen Bürger*innen zu Agenten der politischen Verhandlung über Gerechtigkeit in Europa werden. Und zwar dann, wenn sie auf dem *Wir* der europäischen Bürgerschaft bestehen und sich nicht mehr *national* auseinanderdividieren lassen, sich also buchstäblich als europäische Schicksalsgemeinschaft, als *eine* soziale Gemeinschaft begreifen. Märkte konkurrieren, Bürger nicht!

In einer europäischen Demokratie kann es nicht darum gehen, der Beste zu sein. Sondern nur darum, als europäische Bürger*innen gemeinsam stark und rechtlich gleichgestellt zu sein. Wollen wir uns dahin denken? Die Frage ist, ob Corona der Moment war, durch den wir das ein für alle Mal verstanden haben.

In einer europäischen Demokratie kann es nicht darum gehen, der Beste zu sein. Sondern nur darum, als europäische Bürger*innen gemeinsam stark und rechtlich gleichgestellt zu sein. Wollen wir uns dahin denken? Die Frage ist, ob Corona der Moment war, durch den wir das ein für alle Mal verstanden haben.

Bürgerliche Selbstermächtigung in Europa

Zweifelsohne, in der Debatte über *European Citizens* hat sich auf aktivistischer und akademischer Seite viel getan in den letzten zehn Jahren. Auf einmal sind sie nicht mehr *verkannt*, sondern geradezu *umworben*, die europäischen Bürger*innen. Sie lassen sich weder Europa noch ihre Rechte oder Mitsprache nehmen – und auch nicht mehr alles gefallen.

Wer diese Debatte schon seit längerem verfolgt, kann sich nur die Augen wischen: Schon vor 20 Jahren gab es die ersten europäischen Bürgerforen. Der inzwischen verstorbene Franck Biancheri z. B. begründete als transnationaler, europäischer Aktivist der ersten Stunde schon 1998 (!) die europäischen Bürgerdialoge und die *New Europeans*, die sich in den Kontext des damaligen europäischen Verfassungsprozesses einfügten. Es war damals noch Nischenwerkeln. Doch 20 Jahre Inkubationszeit, eine fette Bankenkrise und jede Menge Alterskohorten von Erasmus-Studenten und ihre NGOs haben daraus ganz andere Dimensionen gemacht: An den europäischen Bürger*innen als zentrale politische Subjekte der EU kommt niemand mehr vorbei, geht es doch heute um europäische *Demokratie* und nicht mehr um europäische *Integration*. In der Politikwissenschaft nennt man das den *„civic turn"*: Die europäischen Bürger*innen, nicht die Staaten, werden immer mehr zu den gestaltenden Akteuren Europas, die europäische Unionsbürgerschaft wird *politisiert*.

Inzwischen gibt es erste Anzeichen für eine Art politische Selbstermächtigung europäischer Bürger*innen, der Zivilgesellschaft bzw. ihrer Organisationsformen, die sich gleichsam zum europäischen Souverän aufschwingen. Staaten, die irgendetwas integrieren und im EU-Rat Verträge darüber machen, das war gestern. Heute schreiben die europäischen Bürger*innen selbst an einer Verfassung, und zwar nicht mehr nur jene hartgesottenen europäischen Föderalisten, die seit 70 Jahren organisiert sind und die – zu Recht – in einem Aufruf vom 3. April 2020 einen Zehn-Punkte-Plan für Europa nach Corona aufgestellt haben, der in einer europäischen Verfassung mündet. Sie sind damit keine Spinner. Abseits der großen Öffentlichkeit hat zum Beispiel auch der Wissenschaftliche Dienst des Europäischen Parlaments schon 2019 ein umfangreiches Papier vorgelegt, wie man das Potenzial der europäischen Verträge *aufschließen* könnte, um die EU in jedem einzelnen Politikfeld ein Stückchen bürgernäher zu machen. Den *normalen* Bürger*innen wiederum geht es um ganz banale Dinge, die sie selbst betreffen: ein europäisches Vereinsrecht oder ein europäisches Stiftungsrecht, ein europäisches Parteienstatut, paneuropäische Wählerlisten, ein einheitliches europäisches Wahlrecht und vor allem: Vereinheitlichung der europäischen Besteuerung.

Eine europäische *Proto*-Staatsbürgerschaft?

Zeit also, sich dem anzunähern, was eine europäische Bürgerschaft – *European Citizenship*, wie es in offiziellen EU-Dokumenten immer mehr heißt – überhaupt sein könnte bzw. sein sollte. Ursprünglich wurde, nachdem der damaligen EWG, der Vorläuferinstitution der EU, schon in den 1980er-Jahren ein Demokratiedefizit attestiert wurde, der Begriff der *Unionsbürgerschaft (union citizenship)* 1992 in den Maastrichter Vertag inkludiert, der ebendieses beheben sollte. Die gesetzliche Grundlage für die Unionsbürgerschaft sind die Artikel 17 bis 22 EUV, die dann nach dem Scheitern der europäischen Verfassung in den Lissabonner Vertrag überführt wurden. Demnach ist Unionsbürger*in, wer die Staatsbürgerschaft eines Mitgliedsstaates der Europäischen Union besitzt. Die Unionsbürgerschaft war dafür gedacht, die nationale Staatsbürgerschaft zu komplementieren, nicht zu substituieren. Von Beginn an war sie also derivativer Natur, abgeleitet von der nationalen Staatsbürgerschaft, die die Voraussetzung für die Unionsbürgerschaft ist. Sie ist komplementär, indem die Unionsbürgerschaft den Europäer*innen zusätzliche Rechte einräumt, zum Beispiel das Recht auf Freizügigkeit innerhalb der EU oder das Recht, in einem Drittstaat von dem Konsulat eines anderen EU-Landes betreut zu werden. Die Unionsbürgerschaft hat nationale Staatsbürgerrechte also befruchtet, transformiert.

Als gesetzliches Aschenputtel Anfang der 1990er-Jahre geboren, hat sich die Unionsbürgerschaft, vor allem dank der Rechtsprechung des EuGH, inzwischen gemausert, um nicht zu sagen: verselbständigt. Da die gesetzliche Grundlage aus den Artikeln 17 bis 22 keine abschließende Aufzählung von Unionsbürgerrechten darstellt, sondern eher die Injektion der Idee einer Unionsbürgerschaft selbst ist, von der Artikel 22 ausdrücklich sagt, dass sie *dynamischen*, nicht *statischen* Charakter haben soll, wurden seither Bibliotheken rechts- und sozialwissenschaftlicher Literatur über die *Unionsbürgerschaft* und ihre Rechte gefüllt. Kurz: Die Idee der Unionsbürgerschaft wurde materiell angereichert.

Aus Unionsbürger*innen wurden so seit rund zehn Jahren europäische Bürger*innen. Eine nicht triviale Wandlung! Konnte der vage Begriff einer Unionsbürgerschaft noch als komplementär zu einer nationalen Staatsbürgerschaft verstanden werden, klingt die Europäische Bürgerschaft nach mehr, nämlich nach Zugehörigkeit zu einem politischen Gemeinwesen und dem Recht auf direkte bürgerliche Teilhabe. Sie umfasst einen formalen Status politischer Autonomie, laut Jürgen Habermas die Grundlage für eine selbstreflexive Bürgerschaft, ebenso wie die direkte, materielle Zuweisung von Rechten und Pflichten, vor allem auch sozialen Rechten.

Wenn es jetzt nach Corona vor allem darum geht, das soziale und ökologische *Wohlergehen* der europäischen Bürger*innen in den Mittelpunkt der Bemühungen der EU zu stellen, dann ist das auch der konzeptuelle Abschied von einer Unionsbürgerschaft, die zeitweilig auch als „Marktbürgerschaft" beschrieben wurde und in der die Unionsbürger von der EU in erster Linie als Verbraucher, Konsumenten, Arbeitnehmer oder Dienstleister wahrgenommen wurden. Aber eben nicht als politische Subjekte, um deren *Wohlergehen* die EU sich zu sorgen oder denen sie öffentliche Güter zur Verfügung zu stellen hätte.

Jetzt, nach Corona, geht es aber genau darum, nämlich vor allem um das soziale und ökologische Wohlergehen der europäischen Bürger*innen. Es findet also eine Verschiebung von einem *wirtschaftlichen* zu einem *sozialen* Diskurs in Europa statt: in z. B. dem Papier zur deutschen Ratspräsidentschaft, dem Strategiepapier der S&D-Fraktion oder auch dem Papier der europäischen Industrieverbände (BDI, MEDEF, Confindustria) über die Verwendung des *European Rescue Funds*, in denen die politische Architektur von Post- Corona-Europa ausbuchstabiert wird, erstaunliche

Nun, Corona hat die EU gelehrt, dass Europa sozial wird, oder es wird nicht sein.

Dinge, zum Beispiel der Ruf nach europäischen *öffentlichen Gütern*, z.B. einem europäischen Gesundheitssystem oder einem Pandemie-Vorsorge-Zentrum. Zudem Dinge, die lange Zeit bekämpft wurden: eine europäische Arbeitslosenrückversicherung (seit 2008 in den europäischen Schubladen, 2014 noch vom Europäischen Rat abgelehnt, die Bankenkrise hatte zu ihrem „Durchbruch" nicht gereicht, steht sie jetzt im Programm der deutschen EU-Ratspräsidentschaft!); oder aber die Anhebung des „konstitutionellen Profils" der sozialen Säule der EU (also ihre Überführung in diejenigen Texte der EU, die Verfassungsrang haben), die im November 2017 auf dem EU-Gipfel in Göteborg beschlossen, damals aber kaum kommentiert und eigentlich nur müde belächelt wurden: *Was hat die EU mit Sozialpolitik zu tun*? Nun, Corona hat die EU gelehrt, dass Europa sozial wird, oder es wird nicht sein. Die *soziale* Frage aber ist die *politische* Frage schlechthin! Wer bekommt was und wie wird es finanziert? *Apolitisch* kann die EU da nicht durchkommen …

Es geht ans Eingemachte

Nach Corona geht es in den europäischen Debatten u.a. auch darum, ob die EU in Zukunft Eigenmittel generieren, also z.B. „moderne" Steuern auf Roboter, Plastik, CO_2, Finanztransaktionen oder Internetkommunikation erheben kann.

Nicht zum ersten Mal geht es in Brüssel um steuerliche Eigenständigkeit. Immer wurde diese bis aufs Messer bekämpft. Doch Corona hat die Lage, die Stimmung und damit auch die politischen Frontlinien in Europa verändert. Eine Gruppe aus deutschen und italienischen Ökonomen hat sich im Mai 2020 für eigene europäische Steuern stark gemacht und auch das Thema der ungleichen Unternehmensbesteuerung sowie das innereuropäische Steuerdumping und die Steueroasen ins Visier genommen. Europa gehen dadurch Milliarden pro Jahr verloren. Solidarität, das heißt auch steuerliche Gleichheit in Europa für Bürger*innen und Unternehmen, also die Harmonisierung der Bemessungsgrenzen. Wer ein soziales Europa will, muss Steuerflucht bekämpfen. Dazu liegen von einer Gruppe französischer Autoren (TDEM-Gruppe) viele konkrete Vorschläge vor, zum Beispiel jener, Konzerne wie Apple europaweit nach *Verkaufszahlen* zu besteuern – und nicht nach *Firmensitz*, wo sich Apple dann in Dublin über irische Steuertricks arm rechnen kann.

Es ist aber noch nicht sicher, ob dieser Durchbruch gelingt. Überhaupt: Durchbruch? Die EU mäandert seit Jahren in mikroskopischen Schritten. Veränderungen passieren stets nur in homöopathischen Dosen. Gerade darum aber ist es so wichtig, in den folgenden Monaten zu beobachten, ob die europäische Bürgerschaft weiter den Weg der *Denationalisierung* beschreiten wird, ob wir also immer mehr *richtige* europäische Bürger werden und als solche gleiche Rechte genießen. Selbst der einst avantgardistische EuGH ist in letzter Zeit in seiner Rechtsprechung quasi *uneuropäischer* geworden, und hat z.B. Freizügigkeitsrechte in einigen einschlägigen Urteilen an sozioökonomische Kriterien bzw. finanzielle Unabhängigkeit geknüpft, und reiche Scheichs können sich in Malta mit ihrem Geld zu Europäern machen lassen. Das mag man verstehen, aber es darf eigentlich nicht sein: Bürger ist Bürger ist Bürger, selbst ganz ohne Geld. Zumindest in Demokratien.

Doch durch Corona ist diese Frage gleichsam explodiert und in den Mittelpunkt der politischen Auseinandersetzung gerückt: Dürfen die Spanier jetzt eine Grundsicherung einführen und wenn ja, dürfen sie die Mittel aus dem *European Rescue Fund* dafür benutzen? Und wenn ja, darf der europäische Norden, dürfen die „Sparsamen Vier“ das sanktionieren? Und selbst wenn ja, könnten sie es überhaupt? Natürlich nicht! Weil die EU nicht nach Spanien hineinregieren kann. Wer die bürgerliche und mithin auch soziale Gleichwertigkeit in Europa anstrebt, muss darüber parlamentarisch unter gleichgestellten europäischen Bürger*innen entscheiden, da kann es kein Veto eines *Landes* geben. Das sogenannte *intergouvernmentale*, zwischenstaatliche System der EU kommt mit seinem Latein ans Ende. Es ist wie ein Rastafari-Zopf, der nicht mehr zu kämmen ist: Wer in Europa die Freizügigkeit nicht begrenzen bzw. von ökonomischer Aktivität abhängig machen und Bürgerrechte nicht beschneiden will, muss perspektivisch eine *European Citizenship,* ihre Rechte und Pflichten, von der Nationalität entkoppeln und zugleich Europa demokratisieren: Um das durchzusetzen und sichtbar zu machen, könnte man zum Beispiel eine *European Citizencard* einführen, die allen EU-Bürger*innen kompromisslos überall gleiche Rechte einräumt, eine Art europäische *Proto*-Staatsbürgerschaft. Alle nationalen Administrationen müssten mit dieser Karte kompatibel sein. Corona könnte im besten Fall der politische Auslöser dafür sein, dass sich die europäischen Bürger*innen als politische und soziale *Wir*-Gruppe verstehen lernen.

Die Trägheit der Politik

Die gute Nachricht ist: Die europäischen Bürger*innen tun das schon in ihrer großen Mehrheit! Sie haben sich – Populismus hin oder her – offensichtlich schon längst in den Zustand einer gleichwertigen europäischen Bürgerschaft hineingedacht oder hineingeträumt. Wie eine Umfrage, die die *University of Oxford* im April 2020 durchgeführt hat, zeigt, wären zum Beispiel 71 %, satte zwei Drittel der Europäer*innen – ganz unabhängig von ihrer nationalen Herkunft – für ein europäisches Grundeinkommen. Nicht schlecht! Überhaupt legen fast alle seriösen sozialwissenschaftlichen Untersuchungen, so zum Beispiel die empirische Studie von Jürgen Gerhards inmitten der Corona-Krise vom April 2020, nahe, dass Corona die Bereitschaf der europäischen Bürger*innen zur Solidarität nachdrücklich gestärkt hat, und zwar auf allen Ebenen, von der medizinischen Versorgung von Notfallpatienten bis hin zur Bewältigung der ökonomischen Folgen der Pandemie.

90 % (!) der Bürger*innen Europas sind z. B. der Ansicht, dass die EU eine Gesundheitsversorgung aller EU-Bürger*innen sicherstellen soll, die Zustimmung zur europaweiten Absicherung alter Menschen liegt ebenfalls bei 90 %, die Zustimmung zu einer europäischen Arbeitslosenversicherung bei immerhin 77 %, also auch noch eine Zweidrittelmehrheit. Die europäischen Bürger*innen sind also wahrlich nicht das Problem in Europa, im Gegenteil machen sie ihrer Rolle als eigentliche „Agenten" Europas im Sinne eines *civic turn* alle Ehre. Sondern die Zögerlichkeit bzw. Blockaden mancher nationaler Regierungen, die – fast so, als ob sie diese Zahlen nicht zur Kenntnis nehmen würden – diese großen Mehrheiten der *Gesamtheit* der europäischen Bürger*innen de facto nationalstaatlich unterwandern. Für Deutschland hat die Heinrich-Böll-Stiftung noch im März 2020 herausgefunden, dass 95 % (!) der Deutschen die Notwendigkeit für mehr gemeinsame Ausgaben in Europa sehen. Der Boden für europäische Solidarität ist also bereitet, er muss nur noch politisch genutzt werden.

Bleiben die Briten Europäer*innen?

Unter der Oberfläche liegt im Ausbuchstabieren einer konsequent zu Ende gedachten, *denationalisierten* und originären *European Citizenship* mehr politisches Potenzial, als mancher vermutet. Zumindest zwei politische Stränge verweisen klar darauf, dass in der Politisierung der europäischen Bürgerschaft die demokratische Zukunft Europas liegt.

Während diese Zeilen geschrieben werden, hat eine kleine Gruppe von Briten aus dem *Remain-Camp* am 24. April 2020 unter der juristischen Leitung von Andrea von Westernhagen eine Klage beim EuGH eingereicht, die als „Sammelklage" von über 100.000 Briten gestützt wird. Sie klagen auf Beibehaltung ihrer *European Citizenship*, selbst wenn das Vereinigte Königreich die EU verlässt. Ihr Argument ist simpel: Die Unionsbürgerschaft, aus der sich die europäische Bürgerschaft in den letzten 30 Jahren entwickelt hat, hat *permanent status*, sie kann nicht zurückgegeben werden. Und da sie – wie allen anderen europäischen Bürger*innen – den Brit*innen 1992 direkt von der EU zuerkannt wurde, kann das Vereinigte Königreich, das für die *European Citizenship* ja gar nicht zuständig ist, sie auch nicht zurücknehmen, es ist dazu nicht befugt. Bürger von wem also, das ist hier die Frage? Von der EU oder des Vereinigten Königreichs? Anders formuliert: Besteht die europäische Bürgerschaft aus eigenem Recht heraus oder ist sie nur abgeleitet bzw. addiert zu der Staatsbürgerschaft eines Mitgliedsstaates der EU? Vor 30 Jahren hätte man die zweite Frage wahrscheinlich leicht mit ja beantwortet. Heute aber ist die politische Dynamik eine andere. Immerhin gibt es ein EuGH-Urteil von 2001, laut dem die europäische Bürgerschaft dazu bestimmt ist, *fundamentalen* Status zu erhalten. Ein Fundament aber ist nichts, was nur zu Bestehendem addiert wird. Ein Fundament kann man nicht so einfach wegnehmen, schon gar nicht, wenn rund die Hälfte der Brit*innen den Erhalt ihrer europäischen Bürgerschaft wünscht. Alle jahrelangen Debatten über den mangelnden *Demos* Europas, das mangelnde europäische Volk, und erst recht die elendigen Debatten über die vermeintlich fehlende europäische Identität erweisen sich hier und heute als irreführend:

Das durch Corona transformierte Europa muss als Bürgerbewegung gedacht werden: europäische Bürger*innen, die gleiche Rechte einklagen und deren Zugehörigkeit zu einem bestimmten (National-)Staat nachrangig ist.

Von der Staatenunion zur Bürgerunion?

Die eigentliche Frage ist, ob Corona diesmal der Auslöser dafür sein könnte, dass es gelingt, die Bürger*innen in den Mittelpunkt des politischen Systems Europas zu stellen. Anders formuliert, ob es gelingt, jenen Paradigmenwechsel herbeizuführen, durch den die EU, wie es im Maastrichter Vertrag von 1992 heißt, von einer *Staatenunion* zur *Bürgerunion* wird, diesen *civic turn* zu reüssieren, und dadurch genau jene dringend erforderliche Europa-Bürger-Bindung herzustellen, die die Grundfeste einer europäischen Demokratie sein muss. Europa ist dann *bürgernah*, wenn die europäischen Bürger*innen in Europa entscheiden, und zwar alles. Was wir gerade erleben, wovon wir Zeitzeugen sind, ist ein Tauziehen zwischen den europäischen Staaten und den europäischen Bürger*innen über die Frage: Wer entscheidet in Europa? Letztlich also über die Frage der Souveränität. Sie muss klar beantwortet werden.

Hinter dieser Frage steht die heutige Schizophrenie der europäischen Bürger*innen: Alle sind zugleich Staatsbürger*innen eines Mitgliedsstaates der EU und werden als solche über die jeweiligen Staats- und Regierungschefs im EU-Rat repräsentiert, die ihre *eigenen* Staatsbürger*innen meist bevorteilen wollen; gleichzeitig sind alle *European Citizens* und wollen diese nationale Bevorzugung von wenigen gegenüber dem *Wir* der gesamten europäischen Bürger*innen nicht zulassen. Diese Schizophrenie muss aufgelöst werden. Staats- und Unionsbürgerschaft müssen in Europa zunehmend kongruent gemacht werden. Denn letztlich sind die Individuen, die *zugleich* Staats- und Unionsbürger sind, die einzigen Legitimationssubjekte für das politische System der EU. Anders formuliert: Die europäischen Bürger*innen können ihre Souveränität theoretisch nur *einmal* vergeben, entweder an *ihren* Nationalstaat oder an Europa.

Es ist dieses Dilemma der Repräsentation, das die europäische Demokratie mehr hemmt als alles andere. Die Dehomogenisierung der Position eines Landes zu einer bestimmten Frage in der EU muss darum das vorrangigste Ziel sein: Es gibt keine *einheitliche nationale Meinung* mehr zu Europa! Im Gegenteil sind die Bürger*innen in den meisten europäischen Ländern gerade über Europa zutiefst zerstritten: Jedes europäische Land hat seine eigene kleine Brexit-Debatte, Öxit, Italexit, Frexit etc. Die Lösung für dieses Problem kann mittelfristig nur in der Politisierung der europäischen Bürgerschaft liegen, die die politische Orientierung über die nationale Herkunft stellt: Ob man für oder gegen gemeinsame EU-Anleihen oder ein europäisches Grundeinkommen ist, hat mit Nationalität nichts zu tun, sondern mit den wirtschaftspolitischen Überzeugungen. Die Debatte hat sich längst europäisiert und die Landesgrenzen überschritten. Nur die Abbildung der Debatte in den Medien ist noch weitgehend national bzw. wird national geframt, wie es neudeutsch heißt.

Anfang Juni 2020 war ich – zusammen mit einem Niederländer und einem Franzosen – in einer französischen Radiosendung, *Le Carrefour de l'Europe*, wo es genau um den *European Rescue Fund*, also den Merkel-Macron-Plan ging. Da müssten jetzt, so der niederländische Kollege, „27 nationale Positionen" konvergent gemacht werden. Nein! Denn es gibt keine „27 nationalen Positionen" zum *European Rescue Fund*. Viele Niederländer – ein guter Freund rief mich an, als die „Sparsamen Vier" gerade in den Schlagzeilen waren, er fühle sich von Ministerpräsident Rutte nicht vertreten – schämten sich geradezu für die blockierende Haltung ihrer Regierung im EU-Rat.

Die bisherige „Nationenform" bricht auseinander. Aus den verschiedenen „Nationenformen" könnten die europäischen Bürger*innen schlüpfen wie aus dem Ei und sich als gleichberechtigte politische Subjekte in einem demokratisch neu gestalteten Europa zusammenfinden.

Kapitel

3

III.
Europa – smart, digital & nachhaltig?

„Die EU kann sich jetzt entweder zusammenraufen. Oder sie kann ihren Zerfall fortsetzen."
George Soros

Bisher haben wir auf das geschaut, was sich die europäischen Bürger*innen in ihrer großen Mehrheit von Europa wünschen und was einige von ihnen heute schon tun. Schauen wir nun auf die europäische Industrie und ihre Umbrüche, auf die mit dem *European Rescue Package* geplante digitale und elektro-mobile Modernisierung, damit Europa grün und nachhaltig wird. Können, ja müssen europäische Bürger*innen und europäische Industrie zusammenkommen? Oder verfolgen sie getrennte Ziele, schauen nicht aufeinander, und: Verfolgen sie unterschiedliche Debatten?

Smart allein ist nicht genug

Die digitale Zukunft ist *Revolut*. Nicht Revolution, die ist verboten, aber Revolut, das ist *smart*. Revolut ist eine kleine App, die man sich kostenlos aufs Handy laden kann, ähnlich PayPal. Man kann damit kleine Geldbeträge bezahlen, bekommt die Abrechnungen direkt aufs Handy, man kann aber auch Bitcoins kaufen. Nur Kredite, das ist der einzige Unterschied zur herkömmlichen Bank, gibt es nicht. Und so umständliche Dinge wie Schufa-Prüfungen. Man zahlt eigenes Geld ein, mit dem man dann bargeldlos bezahlt. Zwei Minuten Download, und los gehts. Hinter der App stecken drei Investmentbanker, die, wahrscheinlich in Shorts mit *Starbucks Coffee* in der Hand, in London hinter vielen Bildschirmen sitzen. Die Bildschirme kontrollieren die sekundenschnellen Wechselkurs-Transaktionen, mit denen Revolut sich finanziert bzw. die den Gewinn für die Start-up-Erfinder abwerfen: viel Gewinn! Schon ist Revolut, keine drei Jahre alt, mit sechs Milliarden an der Börse dotiert. Je mehr Leute auf Revolut ihr Taschengeld zum bargeldlosen Shoppen deponieren, desto mehr Spielgeld für Transaktionen – und desto mehr Gewinn – haben die *Owner*. Eine digitale Bank ohne teure Liegenschaften, wie etwa die Deutsche Bank, ohne Vorstand, ohne Hunderttausende von Angestellten, die morgens in ein Büro fahren, die Arbeitsschutzrichtlinien einhalten müssen, ergometrische Bürostühle oder eine Kantine brauchen, gar eine Rente erwarten; und ohne die Bankenaufsicht BAFIN.

Die revolute Zukunft ist eine Lotterie, in der, wie der Soziologe Andreas Reckwitz in seinem Buch *Das Ende der Illusionen* ausbuchstabiert hat, wenige durchkommen und viel gewinnen. Die Mehrheit aber geht leer aus und bleibt arm. Abgesehen davon – das kann hier nur angerissen werden –, dass Digitalisierung und Künstliche Intelligenz (KI), das haben viele Studien inzwischen empirisch erhärtet, natürlich eine Veranstaltung von Männern für Männer ist. Digitalisierung zementiert patriarchalische Strukturen. Nur Männer brauchen Alexa, die ihnen den Kühlschrank befüllt. Allein schon deswegen sollte man bei dem Begriff *Digitalisierung* nicht gleich glänzende Augen bekommen, sondern noch hinterfragen, auf welche *smarte* Welt wir uns da eigentlich einlassen.

Digitalisierung allein, das ist die These, schafft noch lange keine Gemeinschaft. Digital heißt nicht automatisch bürgernah. Eher zerstört die Digitalisierung überall bestehende Sozialstrukturen. Drei Investmentbanker begründen – siehe Revolut – ein milliardenschweres Start-up, Zigtausende Bankangestellte von der *Société Genérale* oder der Deutschen Bank werden, es hat sich in der Bankenwelt schon herumgesprochen, demnächst um ihre Arbeitsplätze bangen müssen. Es gibt kaum etwas, was Revolut nicht kann, ganz ohne Präsenz und

Digitalisierung allein, das ist die These, schafft noch lange keine Gemeinschaft. Digital heißt nicht automatisch bürgernah.

Gebäude. Wer Digitalisierung sagt, sagt noch nichts über das Soziale, also über die gesellschaftliche Veränderung dahinter. Während Corona war Amazon wegen der vielen Paketzustellungen eindeutiger Krisengewinnler; sein Gründer Jeff Bezos wird jetzt wahrscheinlich weltweit der erste Billionär, ohne in Europa nennenswert Steuern zu zahlen, sich an europäisches Arbeitsrecht zu halten oder Gewerkschaften zu dulden. Die europäischen Innenstädte hingegen sind zunehmend verwaist, Ladenlokale sind selbst die neuen Ladenhüter: Der Anteil des e-commerce lag 2020 schon bei 22%. Einige Studien gehen davon aus, dass schon um 2026 herum die 50-%-Marke für Online-Käufe und Online-Bezahlvorgänge gerissen werden könnte. Das alles ist Digitalisierung auch. Genauso wie die pandemieartige Verbreitung von Zoom-Calls während der Krise, eine digitale *Meeting*-Plattform, die sich noch rasanter als Covid-19 verbreitet hat, und die den Chinesen sicherlich wertvolle Daten über europäisches Verhalten im Allgemeinen und europäische Meetings im Besonderen verschafft haben dürfte. Für lau. Wollen wir das? Wenn Europa jetzt im Rahmen des *Rescue Funds* auf die Dynamisierung der europäischen Wirtschaft durch Digitalisierung setzt, dann ist das schön, doch weitaus nicht genug, denn es ist a priori *apolitisch*.

Wenn aber, das ist der zentrale Punkt meines Buches – **nichts wird so bleiben wie zuvor?** –, Europa das *Politische* wiederentdecken muss, um wirklich gemeinsam und solidarisch aus der Krise zu kommen, dann ist Digitalisierung bestenfalls ein Mittel, nicht aber Zweck.

Wenn aber, das ist der zentrale Punkt meines Buches – **nichts wird so bleiben wie zuvor?** –, Europa das *Politische* wiederentdecken muss, um wirklich gemeinsam und solidarisch aus der Krise zu kommen, dann ist Digitalisierung bestenfalls ein Mittel, nicht aber Zweck.

Digitalisierung: Vom Mittel zum Zweck

Was passiert mit den Beschäftigten beim Wechsel von der Dienstleistungs- zur Algorithmen-Gesellschaft? Bekommen sie das europäische Grundeinkommen, das sich 71% der europäischen Bürger*innen schon wünschen? Und wenn ja, wer bitte finanziert es? Die EU als Staat? Dies gilt es mitzudenken, wenn die EU-Kommission jetzt zwei technologische Umbrüche – Digitalisierung und Elektromobilität – europaweit finanzieren und gestalten will.

Es gibt nämlich, das ist klassische marxistische Theorie, heute verpönt und trotzdem richtig, keine Revolution von Technik und Arbeit, also keine Revolution des gesellschaftlichen Unterbaus ohne Veränderungen im politischen Überbau. Das heißt, der europäische *Green New Deal* und die digitale Revolution – so sie denn beide *auch gesellschaftlich* gelingen sollen – bedürfen der institutionellen Veränderung der EU, der Mitsprache der europäischen Bürger*innen, einer neuen sozialen Absicherung und neuer Formen der horizontalen, partizipativen Teilhabe an der europäischen Demokratie. Kurz: Die europäische Digitalisierung muss, jenseits von Bequemlichkeiten wie Revolut, den europäischen Bürger*innen in der Essenz ihres bürgerlichen Daseins dienen! Zur Digitalisierung der demokratischen Prozesse in Europa und darüber hinaus liegen bereits umfangreiche Analysen auf dem Tisch: 187 Staats- und Regierungschefs twittern, Donald Trump braucht keinen offiziellen Regierungssprecher mehr und Protestaktionen wie etwa in Hongkong, #MeToo oder #BlackLivesMatter wären ohne soziale Medien nicht mehr vorstellbar. Die Urbanisierung wird, auch in Europa, von vernetzten *Smart Cities* vorangetrieben. Aber dann sollten die europäischen Bürger*innen ebenso vernetzt sein: Die europäische Digitalisierung muss die politische *Vergemeinschaftung* der europäischen Bürger*innen zum *Zweck* haben!

Dies könnte man mit der erwähnten *European Citizen Card* machen, einer digitalen Karte für alle europäischen Bürger*innen, einer europäischen *Proto*-Staatsbürgschaftskarte, die für alle in Europa die gleichen bürgerlichen, politischen und sozialen Rechte garantiert und die eine Europäisierung aller Verwaltungen in Europa erzwingen würde. Denn wenn alle europäische Bürger*innen eine solche Karte erhielten, müsste ihnen damit überall in Europa zum Beispiel das gleiche Arbeitslosengeld oder Grundeinkommen gewährt werden. Die Behörden in ganz Europa müssten sich ebenso vereinheitlichen, wie vor 20 Jahren die Münzen und Geldautomaten vereinheitlicht wurden. Die europäischen Bürger*innen würden dabei ebenso gewinnen wie die europäische Industrie, die aus diesem digitalen europäischen Umbau der Behörden einen europäischen GAFA-Komplex machen könnte: eine perfekte Allianz, nicht wahr?! Und weder neu noch utopisch: Seit langem fordert Emmanuel Macron für Europa *digitale Souveränität*. 25 Millionen sind letztes Jahr in die sogenannte JEDI-Initiative geflossen, aber, man sieht es sofort: Damit kann Europa buchstäblich *keinen Staat machen*.

Digitaler europäischer Bürgerpass

Kurz: Der *technologische* Sprung der Digitalisierung muss den *gesellschaftlichen* Sprung in ein europäisches Ganzes bedingen, die Technologie-Umstellung muss für eine institutionelle Umstellung, für eine *europäische Vergemeinschaftung* genutzt werden. Ein Beispiel: Es mag aufwendig und langwierig sein, 27 einzelstaatliche Sozial- und Rentensysteme in Europa zu harmonisieren, sie sind zu unterschiedlich, zu spezifisch über die letzten Jahrzehnte gewachsen. Aber wenn jetzt die Digitalisierung eine neue Algorithmen-Gesellschaft hervorbringt, die – da mit europäischem Geld finanziert – in ganz Europa recht homogen aussehen wird, auch was ihre sozialen Strukturen anbelangt, wenn also die sozialen Veränderungen und Konsequenzen durch die Algorithmen-Gesellschaft von Polen bis Portugal überaus ähnlich sein werden, dann gibt es keinen Grund, darauf nicht mit einer gemeinsamen sozialen Strategie in Europa zu reagieren. Zum Beispiel – wie eben schon erwähnt – mit einem bedingungslosen europäischen Grundeinkommen, das sich ja praktischerweise schon mehr als zwei Drittel der europäischen Bürger*innen wünschen. Wenn die Zukunft europäisch und solidarisch sein soll, müssen die zukünftigen *Systeme* europäisch sein. Dann würde die Digitalisierung zu dem führen, was man in der Politikwissenschaft *europäische*

Vergesellschaftung nennt: Wir werden durch die Technologien, die uns in die Moderne treiben, eine europäische Gesellschaft! Dann, aber nur dann, wäre die Digitalisierung der EU auch politisch zweckgerichtet und bürgernah. Dann würde Digitalisierung zu einer strukturellen *politischen* Veränderung im Sinne einer europäischen Vergemeinschaftung führen und nicht nur ein *apolitischer*, technologischer Innovationsschub sein.

Das Schlimmste, was passieren kann, ist, dass der Sprung in eine neue Technik eben nicht für die Europäisierung der Strukturen genutzt wird. Wenn also zum Beispiel europäisches Geld des *European Rescue Funds* dafür genutzt wird, dass die französische Verwaltung ihre eigene Digitalisierung vorantreibt, aber wieder nur in nationalem Rahmen. Man traut es den vermeintlich reformunfähigen Franzosen kaum zu, doch sie haben – neben den Esten – wohl eine der besten digitalen Verwaltungspattformen in ganz Europa. Jeder französische *Citoyen* kann seine gesamten Behördengänge bei www.impots.gouv.fr und www.ameli.fr digital abwickeln, von Rente über Steuer bis Kindergeld ist alles auf diesem Bürgerportal vernetzt. Doch die Petrifizierung nationaler Verwaltungsstrukturen kann nicht das Ziel einer europäischen Digitalisierungsstrategie sein: Der Sprung in eine neue Technik muss zugleich der Sprung in die Europäisierung, in die Vergemeinschaftung von Strukturen sein, so wie früher die Vergemeinschaftung das Lebenselixier der EU war!

Dass es nicht einmal möglich war, eine europaweit einheitliche Corona-App zum Tracken des Virus einzuführen, ist schon hanebüchen, zumal die innereuropäischen Grenzen im Sommer wieder geöffnet wurden. Covid-19 kann jetzt auf Mallorca in der Bar munter von einem Touristen zum anderen hüpfen, aber die deutsche App auf dem Handy in der Hosentasche des einen erkennt die französische oder niederländische App in der Hosentasche des anderen nicht. Absurd!

Es geht um nichts Geringeres als um die Abschaffung der letzten Seinsform nationaler Grenzen, die im Wesentlichen *administrativer* Natur ist: die fast schon asynchrone Zuordnung des Passes zu einem europäischen Nationalstaat.

Ein Beispiel: Kurz vor Corona wird mir in der Pariser Metro das Portemonnaie samt Personalausweis entwendet. Den Diebstahl melde ich bei der Pariser Polizei – in der naiven Erwartung, dass der Tatbestand in irgendein europäisches Register gespeist wird. Zunächst kann ich – niemand musste vor Corona innerhalb Europas einen Pass an irgendeiner Grenze zeigen – meine Reise wie geplant fortsetzen: von Paris nach Köln mit dem Zug, von da, ebenfalls mit dem Zug, nach Brüssel, von wo aus ich mit dem Flieger nach Wien zurückwollte, wo ich arbeite. Ich darf die Maschine aber nicht besteigen, weil ich einen Pass vorweisen muss, den ich aber bei einem *Inlands*flug nicht hätte vorweisen müssen. Auf dem deutschen Konsulat in Brüssel kann man mir zwar einen Ersatzpersonalausweis ausstellen, der mich aber lediglich zur Wiedereinreise in die Bundesrepublik Deutschland berechtigt, nicht aber zur Rückreise an meinen Arbeitsort Krems an der Donau in der Republik Österreich. Wie bitte? Ich darf mit Ersatzpapieren von Brüssel nach Berlin, aber nicht nach Wien fliegen, obgleich ich in Österreich arbeite, aber nur einen deutschen Pass habe? Wie lange wollen wir uns das als europäische Bürger*innen eigentlich noch gefallen lassen? Hand aufs Herz: Fast jeder in Europa erlebt groteske Geschichten dieser Art. Solange wir nicht *eine* europäische Bürgergemeinschaft sind, die sich in einer *Proto*-Staatsbürgerschaft Europas ausdrücken müsste, ein Europa, das auch *Pässe* ausstellt, so lange sind die bürokratischen Grenzen der nationalstaatlichen Administrationen das eigentliche Problem Europas.

Zu glauben, man könne die Technologie verändern, ohne die gesellschaftlichen, politischen oder eben europäischen Strukturen zu verändern, ist naiv. Die Technologie ist so etwas wie das Betriebssystem einer Gesellschaft. Wenn eine analoge EU jetzt eine digitale Software aufgespielt bekommt, dann müssen sich zugleich die Beteiligungsformen für die Bürger*innen, die Teilhabe, die demokratischen Strukturen verändern, dann müssen diese ebenso horizontal und grenzüberschreitend sein wie diese Apps. Dann darf es eigentlich nicht sein, dass einem die nationale Grenze noch auf das Handy reingrätscht, wenn man zum Beispiel in Wien mit dem Laptop auf dem Sofa die *„Tagesthemen"* der deutschen ARD oder einen Film auf France Culture gucken möchte; sogenanntes *Geo-Blocking*, das mit Urheberrechten und nationalen Rundfunkgebühren zu tun hat. Dabei wäre die Lösung so einfach: europäische Rundfunkgebühren!

Go NUTS!

Das hört sich womöglich lächerlich an, aber darin liegt Sprengstoff. Auch die EU orientiert sich seit Jahren mit ihren Förderprojekten an den sogenannten NUTS (*Nomenclature des unités territoriales statistiques*) und nicht an nationalen Einheiten. Zentrale sozioökonomische Daten werden längst in diesen kleinen statistischen Einheiten präsentiert und aufbereitet. Von Nationalstaaten keine Spur! Die gesamte europäische Fläche ist dort aufgeschlüsselt in Megacitys (z. B. Paris), *Superstar Hubs* (z. B. Dublin in Irland, weil es aufgrund der Steuervorteile einige der digitalen Giganten wie Google oder Amazon beherbergt), landwirtschaftliche Regionen (vor allem die Iberische Halbinsel), die, zusammen mit Süditalien, zu so etwas wie dem Gemüseladen Europas geworden ist, *Tourismus-Häfen* (ganz Österreich ist praktisch ein solcher), strukturschwache, alternde Regionen (davon gibt es vor allem in Frankeich reichlich) oder FinTech- und Hightech-Regionen, die sich in kleinen Clustern praktisch von Amsterdam nach Baden-Württemberg ziehen. Wer sich europäische NUTS-Karten anschaut, sieht keine nationalen

(Administrations-)Grenzen mehr. Auf dem gesamten Territorium der EU finanziert die Eu projekt- bzw. regionenbezogen und verhandelt meist direkt mit regionalen bzw. lokalen Einheiten.

Eigentlich ist das europäische Territorium schon so etwas wie ein europäisches Staatsgebiet, auf dem sich verschiedene wirtschaftliche Spezialisierungen regional oder in Clustern herausgebildet haben, die aber nur *gemeinsam* Bestand haben. Die *Superstar Hubs* leben davon, dass die digitalen Riesen nicht nur Irland, sondern *ganz* Europa zum Markt haben und überall iPhones verkaufen; die Tourismus-Häfen leben nicht nur von einheimischen Touristen; die Megacitys brauchen agrarisches Umland usw. Keiner kann in Europa ohne den anderen, weil zentrale Bereiche der Produktion öffentlicher Güter längst über Landesgrenzen ausgelagert wurden, weil sowohl Zulieferketten wie die Ressource Arbeit (das haben die Diskussion über die osteuropäischen Feldarbeiter auf deutschen oder österreichischen Spargelfeldern oder die osteuropäischen Leiharbeiter in westeuropäischen Schlachthöfen während der Corona-Krise deutlich gezeigt) längst *europäisiert* sind. Corona hat uns drastisch vor Augen geführt, was Grenzschließungen innerhalb Europas bedeuten, und dass sie wirtschaftlich nicht mehr funktionieren. Das europäische Territorium ist in sozioökonomischer Hinsicht ein Gewebe, das sich national praktisch nicht mehr in handlungsfähige Einheiten unterteilen lässt, und nur gemeinsam ein starkes Ganzes ergibt. Gemeinsam – und nur gemeinsam – könnte Europa wirtschaftlich autark werden, also unabhängig(er) von globalen Märkten. Gerade weil die Pandemie einen (vorübergehenden?) Bruch mit der Globalisierung bedeutet, weil die globale Mobilität und damit internationale Handelsket-

Das europäische Territorium ist in sozioökonomischer Hinsicht ein Gewebe, das sich national praktisch nicht mehr in handlungsfähige Einheiten unterteilen lässt, und nur gemeinsam ein starkes Ganzes ergibt.

ten unterbrochen sind, ist die Hinwendung zum europäischen Binnenmarkt einer der erfreulichen Effekte der Corona-Pandemie. Nie war er so wertvoll wie heute!

Niemand, nicht einmal Deutschland, kann sich aus der Corona-Krise herausexportieren, weil der Export bis auf weiteres zentral beeinträchtigt ist. Bleibt der europäische Binnenmarkt als heimischer Markt, in den jetzt durch die Rettungspakete jede Menge Geld für die Modernisierung seiner Infrastruktur fließt. Selten war die Chance so groß, den europäischen Binnenmarkt zu stärken, wie heute, zum Beispiel durch die Rückführung von Industrieproduktion von Medikamenten über Atemmasken bis hin zu strategischen Gütern und durch den Aufbau europäischer, industrieller Champions.

Das haben inzwischen auch die Führungskräfte der CDU in Deutschland erkannt, zum Beispiel Friedrich Merz und Wolfgang Schäuble, die dringlicher denn je von der Notwendigkeit einer Wirtschaftsunion reden.

Das Problem strategischer Abhängigkeit in sensitiven Wirtschaftsbereichen ist nicht neu: Schon 2017 vermeldete die französische Agentur über 500 *shortages* lebenswichtiger Medikamente, ein zwölffacher Anstieg in zehn Jahren. Die kleinen Niederlande kamen 2019 sogar auf 2044 *shortages*, z.B. bei Valsartan, einem Medikament zur Senkung von Bluthochdruck. Die Corona-Krise hat, wie bei vielem, wie eine Röntgenaufnahme gewirkt und ansonsten unsichtbare, schleichende Fehlentwicklungen ans Tageslicht befördert. Europa kann jetzt sein Augenmerk auf den Binnenmarkt richten. Das muss indes mehr denn je damit einhergehen, die europäischen Bürger*innen, die den europäischen Binnenmarkt bevölkern, die ihn also ebenso beleben wie sie von ihm leben, auch *sozial* als eine Einheit zu betrachten. Warum also nicht die Lehre aus Corona ziehen und das sozioökonomisch untrennbar verflochtene europäische Territorium als ein

Die Corona-Krise hat, wie bei vielem, wie eine Röntgenaufnahme gewirkt und ansonsten unsichtbare, schleichende Fehlentwicklungen ans Tageslicht befördert.

Staatsgebiet betrachten und auch politisch dementsprechend verwalten, gestalten und letztlich regieren?

Nur im *politischen* Raum wird in Europa noch in Nationalstaaten und nicht in NUTS gedacht, worunter europäische Bürger*innen und Industrie gleichermaßen leiden. Denn auch politisch könnten die NUTS zur Folie dienen, zum Beispiel für kleine, partizipative Räume, die eine direkte Beteiligungsmöglichkeit der europäischen Bürger*innen an der europäischen Demokratie bieten würden. Im derzeitigen EU-Rat sitzen nicht Regionalvertreter oder Bürgermeister, sondern nationale Staats- und Regierungschefs. Zwar gibt es einen europäischen Ausschuss der Regionen, aber er wird nur konsultiert – entscheiden kann er nichts. Er ist nicht etwa die zweite Kammer in einer parlamentarisch-repräsentativen Demokratie. Den modernisierten, gesellschaftlichen Unterbau und einen (neuen) institutionellen Überbau in Europa zusammenzudenken, das wäre jetzt die große Aufgabe für Post-Corona-Europa. Doch fast niemand traut sich das auszusprechen. Denn dazu müsste das institutionelle Gefüge der EU dringend raus aus der nationalen Spur, sich an kleineren Einheiten, z.B. den NUTS, orientieren und den Regionen mehr direkte Mitsprache einräumen.

Europa, Regionen und europäische Bürger*innen sind die Ingredienzen für Post-Corona-Europa. Aber nur dann, wenn im Zuge des *Green New Deals* nicht nur die technologische Revolution Europas erfolgt, sondern diese institutionell und politisch begleitet wird. Die Konkurrenz immer kleinerer Einheiten kann nicht das Ziel einer europäischen Gemeinschaft sein. Eine Europa-Regionen-Bindung muss in eine föderale europäische Struktur, die beides verbindet, eingebettet werden: zwischen einzelnen europäischen Wirtschaftsclustern und dem innovationsfördernden Wettbewerb einzelner europäischer Cluster aller europäischen Bürger. Nur so kann auf Seiten der Bürger*innen ein *race to the bottom*, ein Steuer- oder Sozialdumping verhindert werden, das europäische Unternehmen zulasten der Bürger*innen ausnutzen. Vor allem mit Blick auf die zunehmenden Risse zwischen Ost- und

Westeuropa wäre diese Gleichstellung wichtig, wenn die Osteuropäer*innen nicht dauerhaft zu *Zweite-Klasse*-Europäer*innen werden sollen. Ökonomische Cluster konkurrieren, aber die europäischen Bürger*innen nicht! Wer in einer strukturschwachen Region wohnt – im Burgenland, in Mähren oder Andalusien –, dem wird perspektivisch über einen europäischen Finanzausgleich jenseits von Strukturfonds geholfen. Dann könnten diese Regionen in ihrer individuellen Schönheit erhalten bleiben, ohne sich in einen industriellen Standortwettbewerb einreihen zu müssen. Denn ökonomisch machen die teilweise hochspezialisierten NUTS-Cluster nur noch gemeinsam Sinn. Das wäre ein solidarisches Post-Corona-Europa neuer Dimension!

Das wäre ein solidarisches Post-Corona-Europa neuer Dimension!

Und das Klima?

Jede App-Benutzung, jedes Zoom-Meeting verbraucht Energie. Erst kürzlich verwies die Handelskommissarin Margrethe Vestager darauf, dass Digitalisierung (ein unglaublicher Stromfresser!) und Klimaschutz in einem Zielkonflikt stehen: Beides zusammen geht eigentlich nicht. Jeder europäische Fortschritt bei der Reduzierung des fossilen Energieverbrauchs, jedes mühsam erkämpfte Mehr an Ökostrom wird sofort durch den steigenden Stromverbrauch aufgefressen, *Rebound*-Effekt nennt man das. Maja Göpel beschreibt es ausführlich in ihrem Beststeller *„Unsere Welt neu denken“*. Wir haben aber die Welt trotz Corona nicht neu gedacht, bei weitem nicht!

Was hätten wir tun können? Wir hätten, in memoriam der Delphine in Venedig, Kreuzfahrtschiffe auf Dauer verbieten und die Branche „auszahlen" können, anstatt dauerhaft kostenaufwendig ihre Verschmutzung des öffentlichen Raums mit Steuergeldern zu beseitigen; wir hätten, in memoriam des blauen Himmels, ein Gesetz erlassen können, das europäische Inlandsflüge z. B. ab 2025 verbietet. Immerhin hat Emmanuel Macron das für die Air France getan, nämlich fortan alle Inlandsflüge in Frankreich gestrichen und dafür auf den Ausbau der Schiene gesetzt. Wir hätten die verbleibenden fünf Jahre dazu nutzen können, um massiv in ein europäisches Hochgeschwindigkeitszugnetz zu investieren, siehe www.Metropa.eu, um in drei Stunden von Paris nach Budapest oder von Amsterdam nach Wien zu kommen. Wir hätten – die ÖBB macht es vor – für dieses europäische Schienennetz einen subventionierten, ermäßigten Spartarif (3,– Euro pro Tag / 1000, – Euro im Jahr) für das gesamte europäische Streckennetz auf den Weg bringen können. Wenn das österreichische – und im Übrigen auch das schweizerische – Staatssäckel das kann, warum kann das nicht auch die EU? Ein europäischer Zugpass: Wäre es nicht ungleich schöner, ganz Europa preiswert per Zug zu bereisen, als nur von Linz nach Innsbruck? Übrigens war es zu Beginn des 20. Jahrhunderts auch schon einmal so, als die Züge die Nummer eins des Transportwesens waren – wer die Itinerare mancher Schriftsteller und *hommes du monde* anschaut, wundert sich: morgens London, mittags Paris, nachmittags Nizza, abends Marseille. Die neun Milliarden für die Lufthansa für den Ausbau eines europäischen Schnellbahnnetzes zu nehmen, das wäre ein radikaler Schwenk gewesen, wie damals der Atomausstieg.

Wir hätten, anstatt die Lufthansa, die AUA und die Alitalia jeweils aufwendig (*national*-)staatlich zu stützen, eine gemeinsame europäische *Eurofly*-Fluggesellschaft gründen können. Es wurde während Corona sogar kurz in der „*ZEIT*“ darüber spekuliert. Eurofly hätte nur noch Interkontinentalflüge von europäischen Hubs (Amsterdam, Wien, Frankfurt, Paris, Warschau) aus nach New York, Mexiko City, Kairo, Hongkong oder Tokio etc. gemacht. *Das* wäre mutiges Neudenken (gewesen)! Wäre das möglich, gar langfristig teurer gewesen als das, was wir jetzt bezahlen, nur um schnell wieder in die alten Spuren zu kommen und Umweltschäden auf Dauer zu stellen, derer wir uns doch eigentlich entledigen wollen?

Vor allem kann Klimaneutralität eben nicht ohne das Neudenken von Beschäftigungsverhältnissen gedacht werden, ohne den Arbeitsbegriff neu zu definieren. Ganze politische Apparate, Parteien oder Gewerkschaften des alten Europa hängen an den fossilen Industriezweigen. Große Energiebetriebe, wie etwa die westdeutsche Rheinbraun hatten bzw. haben Zehntausende von Stellen mit guten gewerkschaftlichen Arbeitsverträgen, die Veolia, ein europäischer Recycler von Windkraftanlagen, in der Zahl und Höhe niemals wird bieten können. Keine ökologische Modernisierung ohne sozialen Druck und drastische Verschiebungen in der sozialen Basis für politische Prozesse. Das erklärt die Beharrungskräfte, es erklärt auch, wie Lobbycontrol im Juni 2020 in einer umfangreichen Studie gezeigt hat, dass der idealtypische *Green New Deal* in Europa schon von Lobbyverbänden sabotiert wurde, noch bevor er auf den Weg gebracht wurde, z. B. dadurch, dass die ursprünglich geplante Konditionierung auf Nachhaltigkeit auf europäischer Ebene gekippt wurde. Die einzelnen Staaten haben damit wieder freie Hand, auch nicht ganz so nachhaltige Industrien zu fördern, auch in der Agrar- oder der Energiebranche, selbst wenn die Abwrackprämie als symbolträchtige Unterstützung alter Industrien diesmal vom Tisch war.

Kurz: Was wir nicht geschafft haben, ist, die wertvollste Corona-Erfahrung zu verstetigen, nämlich dass *alles möglich* ist, wenn wir nur *wollen*. Diese Erfahrung weiterdenken, also zum Beispiel von den Virologen auf die Klimatologen übertragen: Was alles müssen wir tun, um nicht nur Leben, sondern auch die Polarkappen zu retten? Das wäre die angemessene Reaktion auf Corona gewesen. Der europäische *Green New Deal* ist sicher ein Einstieg in ein nachhaltigeres Europa. Eine radikale Wende ist er nicht, obgleich alle Zahlen mit Blick auf Klima, Trockenheit, Insektensterben etc. sagen: Wir haben nicht mehr viel Zeit.

Strategische und systemische Rivalität

Es geht nämlich nicht nur um eine *strategische Rivalität*, sondern auch um eine *systemische Rivalität*: China – das wird oft unterschlagen – ist keine Demokratie! Das größte Problem bei der europäisch-chinesischen Rivalität ist es, dass die EU zwar eine Menge tut, zum Beispiel auch mit Blick auf Afrika – z.B. die Bewilligung von 15,6 Milliarden Euro für Corona-Soforthilfe im April 2020 –, aber die Meriten dafür nicht bekommt, weil sie eben keine staatliche Einheit ist und damit keine strategische Souveränität hat. Die EU, die ewig Gute im Hintergrund, die das Spiel der Macht nicht beherrscht? Auch das ging lange gut: Nicht zuletzt für ihre *Soft Power* hat die EU 2012 den Friedensnobelpreis bekommen. Aber derzeit funktioniert der multilaterale Ansatz zwischen den beiden Kraftprotzen USA und China eben nicht mehr und die Frage ist, welche Schlüsse die EU daraus ziehen will. Selbst einen Staat gründen, das immense europäische Potenzial wirtschaftlicher, finanzpolitischer, industrieller und strategischer Natur zusammenführen und auf die Grundlage einer transnationalen europäischen Demokratie stellen?

Die Schließung der „strategischen Lücke“

Was derzeit (leider) passiert, ist genau das Gegenteil: Die nationalstaatliche Rivalität *innerhalb* Europas um kompetitive

Industrien, digitale Start-ups oder Rüstungsausgaben nimmt wieder zu.

Wenn, wie ausgeführt, die *Essenz* der bisherigen europäischen „Befriedungsepochen" die Unterbindung von (militärischer, wirtschaftlicher und jetzt sozialer?) Konkurrenz war, dann ist die Frage erlaubt, wie es heute um diese Essenz steht. Nach einem „Friedensprojekt Europa" sieht es nicht mehr so unbedingt aus. Viele Analysten rufen nach konzertierten europäischen Aktionen, nach der Zusammenschau von Gesundheitspolitik, Wirtschaft und dem Verteidigungssektor, nach einer Rolle Europas in Afrika, die der europäischen *Wirtschaft nützen* und zugleich der europäischen *Souveränität dienen* könnte. Sie rufen nach einer Schließung der „strategischen Lücke" in Europa.

Weshalb schaffen wir nicht alles zusammen und gründen einen europäischen Staat? Europäische Bürger*innen, Industrie und Politik, alle gemeinsam? Alle wichtigen Ingredienzen – Bürger*innen, Industrie, Finanzen, Wirtschaft, Markt usw. – scheinen seit langem auf dem europäischen Tisch zu liegen wie ein Frühstücksbuffet in einem sehr guten Hotel. Die Frage ist doch, ob wir das Buffet selbst genießen oder ob andere gierig zugreifen?

Alle wichtigen Ingredienzen – Bürger*innen, Industrie, Finanzen, Wirtschaft, Markt usw. – scheinen seit langem auf dem europäischen Tisch zu liegen wie ein Frühstücksbuffet in einem First-Class-Hotel. Die Frage ist doch, ob wir das Buffet selbst genießen oder ob andere gierig zugreifen?

Kapitel

4

IV.
Ein europäischer Staat? Politik, Markt und Verfassung

„In dem Moment, in dem die EU in großem Stil eigene Einnahmen generieren kann, gewinnt sie eine Eigenständigkeit, die bisher nur die Nationalstaaten in Europa haben. Sie wäre auf dem Weg, ein Staat zu werden. Es gibt Leute wie Finanzminister Scholz, die das ausdrücklich befürworten. Eine so weitreichende Entscheidung sollte man aber nicht nebenbei in einer Wirtschaftskrise fällen, so schlimm diese auch sein mag. Es gibt in der EU keine öffentliche Debatte über eine Staatswerdung, noch nicht einmal eine verbreitete Grundstimmung unter den Völkern, die in diese Richtung weist. Die politischen Verwerfungen, die ein solcher Prozess hervorrufen würde, dürften selbst die gegenwärtige Krise noch in den Schatten stellen."

Nikolas Busse, *FAZ*, 1. Juni 2020

Corona, das ist die Rückkehr des Staates! Das haben viele freudig geschrieben. Lange verspottet, weil die Wirtschaft ja vermeintlich immer alles besser kann, reden jetzt alle vom Staat. Der Staat, der rettet, der Staat, der vor Risiken schützt, der Staat, der absichert. Aber welcher Staat? Der Nationalstaat natürlich. Er ist der eigentlich Krisengewinnler. Denn von einem europäischen Staat darf man ja nicht reden, es ist wie bei Harry Potter und Lord Voldemort: *„He Who Must Not Be Named ..."*

Corona, das ist die Rückkehr des Staates!

Welcher Staat?

Aber *upps*, seit Corona redet man doch vom europäischen Staat, *ex negativo* natürlich nur, wie Nikolas Busse in der *FAZ*, dessen Zitat diesem Kapital vorangestellt ist. Einen europäischen Staat darf es auf keinen Fall geben, *nur* den Nationalstaat, aber den dafür auf jeden Fall. Ist das nicht ein Widerspruch? Anders formuliert: Warum ist ein europäischer Staat auf jeden Fall schlecht, während der Nationalstaat immer gut ist?

Die denationalisierte *European Citizenship* ist auf dem Vormarsch, die Frage der europäischen Souveränität liegt auf dem Tisch. Gesucht wird die europäische Demokratie, viele reden schon von einer europäischen Verfassung. Die EU macht jetzt erstmalig gemeinsame Anleihen, über europäische Steuern wird diskutiert. Die EU möchte soziale und ökologische Gerechtigkeit für ihre Bürger*innen garantieren, dazu – ebenfalls erstmalig – europäische öffentliche Güter, zum Beispiel im Gesundheitswesen, bereitstellen. Kurz: Die Europadebatte nach Corona verweist aufs *Eingemachte* von originärer Staatlichkeit. Die Frage ist nur, ob wir uns ihr offen stellen? Oder hinter vorgehaltener Hand die ewig unehrlichen Europa-Debatten fortschreiben, die letztlich nur Wasser auf die Mühlen der Populisten sind.

Nämlich dass eine Währungsunion ohne Fiskal- und Sozialunion nicht funktionieren kann, was wir schon lange, sehr lange wissen. Konsequenterweise forderte der angesehene deutsche Ökonom Jens Südekum im Juni 2020 im „*Handelsblatt*": „*Wir müssen uns jetzt ehrlich machen. Die Konstruktion des Euro hatte Fehler. Wir hätten nie eine Gemeinschaftswährung einführen dürfen, ohne eine gemeinsame Finanz- und Steuerpolitik für alle Mitgliedstaaten in Brüssel. Und wir hätten der EZB nie solche Ketten anlegen dürfen. Das funktioniert nicht. Wenn wir den Euro erhalten wollen (…), müssen wir auch über die Architektur der Eurozone diskutieren. Meine Hoffnung ist, dass die Corona-Krise dazu führt, dass wir über diese Fundamente des Systems sprechen.*" Die Fundamente des Systems: starker Tobak! Und neue Töne.

Lange Jahre wurde darüber nur in wirtschafts- und sozialwissenschaftlichen Fachjournals geschrieben. Corona hat die Frage der *Eurogovernance* mitten ins öffentliche Bewusstsein gespült: Machen wir jetzt eine *Transferunion*, wie es – abwehrend – immer heißt? Oder gestalten wir – zumal angesichts der jetzt in Europa mobilisierten Milliarden – eine notwendige europäische *Finanzverfassung*, wie man es positiv formulieren könnte?

Von der Transferunion zur europäischen Finanzverfassung?

Nichts wird so bleiben, wie es war? Oder pure Systemstabilisierung, weiter im alten Trott? Mit Blick auf Europa ist diese Messe noch nicht gelesen. Immerhin hat Corona diese Debatte dynamisiert und – jenseits sachlicher ökonomischer Dokumente – entblößt, worum es eigentlich geht: nämlich um die Verteidigung von Privilegien im europäischen Norden (zum Beispiel niedrigere Zinsen auf dem Kapitalmarkt). Es ist etwas anderes, ob man, zum Beispiel durch gemeinsame Anleihen, wirklich etwas *vergemeinschaftet* – in diesem Fall die Zinsen am Kapitalmarkt – und mithin zum europäischen Lebenselixier zurückkehrt; oder ob man zwar Direkthilfen zahlt, also durchaus solidarisch ist, aber einen strukturellen Vorteil nicht aus der Hand gibt.

Ähnlich wie an den *European Citizens* kommt auch an dieser Debatte heute niemand mehr vorbei. Das deutsche Bundesverfassungsgericht hat mit seinem Urteil vom 5. Mai 2020 über die Anleihekäufe der EZB während der Bankenkrise in das gleiche Horn gestoßen. Unter geltender Gesetzes- und Verfassungslage müssten asymmetrische Anleihekäufe der EZB, bei denen einige Länder (z. B. Italien) de facto bevorzugt werden, verboten werden, da sie keine legitimatorische Basis hätten. Ebenso schob das Bundesverfassungsgericht grenzüberschreitenden fiskalischen Transfers einen Riegel vor: keine Steuergelder für ein anderes Land ohne gemeinsame Entscheidung darüber: *No taxation without represenation.* Das politische System der EU robbt sich, zaghaft, an diese Frage heran. Je größer der EU-Haushalt selbst, desto einfacher wird eine Lösung. Denn dann entfällt die Kontrolle darüber, was die anderen jenseits der eigenen Landesgrenzen mit dem Geld machen. Europäischer Finanzausgleich, europäische Arbeitslosenversicherung, ein höherer EU-Haushalt, gemeinsame Anleihen, über all das wird ganz aktuell in Brüssel heftig gestritten. Doch was ist das anderes als Elemente von Staatlichkeit? Wie eine europäische Großbaustelle, auf der das Fundament gelegt und die tragenden Pfeiler eingeschlagen werden. Die Kernfrage ist zunehmend: Was ist das *eigene* Land, der Nationalstaat oder Europa? Wenn doch die europäischen Bürger*innen, wie wir gesehen haben, in beiden „Ländern" zugleich leben, und mit dem einen Fuß in ihrem Staat, mit dem anderen in Europa stehen? Wer kann dauerhaft zwei Herren dienen?

Wer hat das Sagen?

Allein die Tatsache, dass sich der EuGH und das Bundesverfassungsgericht darüber streiten, wer in der Frage der Anleihekäufe das *eigentliche* Sagen hat (es geht nicht allein um Anleihekäufe – sie sind nur ein Anlass für das BVerfG, dem übergriffigen EuGH die Grenzen zu zeigen): Es mutet an wie eine Art Ellenbogenrauferei von zwei Halbwüchsigen, die einander wegschieben, und verweist genau auf dieses Problem – auf welcher Ebene ist die Rechtsprechung? Und auf welcher Ebene ist die Staatlichkeit? Eine fast tautologische Frage, denn der Staat macht das Recht, ja, der Staat *ist* das Recht, nämlich der *Rechtsstaat*. Rechtsprechung und Staatlichkeit können darum eigentlich nicht auseinanderfallen, tun es aber offensichtlich in Europa. Ungarn ist ein gutes Beispiel für diesen Widerspruch: Alle haben gezittert (und manche geflucht), als Viktor Orbán die Corona-Krise zum Vorwand genommen hat, um das ungarische Parlament zu entmachten und eine Exekutiv-Regierung einzuführen. Ich selbst habe gebibbert mit einigen guten ungarischen Freunden, die zutiefst besorgt waren – zudem sie wegen Corona nicht ausreisen konnten. Einige, wie der britische Historiker Timothy Garton Ash, haben sogar öffentlich von einer Diktatur inmitten Europas gesprochen. Auf dem Boden welchen Rechts stehen also buchstäblich die Ungarn, die mit einem Bein ungarische und mit dem anderen europäische Bürger*innen sind? Von den Bürger*innen her gedacht – das hatten wir schon – macht das alles keinen Sinn. So aber – solange die Frage der europäischen Staatlichkeit eben nicht geklärt ist – streiten sich die EU und Viktor Orbán darüber, wer in Ungarn was zu sagen hat, und darüber, ob Orbán tun darf, was er tut, was die EU zwar bestreitet, aber trotzdem nichts dagegen tun kann: Recht gegen Recht. Souveränität gegen Souveränität. Demnächst wieder Auge um Zahn?

Ein *„Hamiltonian Moment"*?

Jenes *Eingemachte*, um das es in Post-Corona-Europa geht, so wurde es von vielen kommentiert, ist also vielleicht der vielbeschworene *„Hamiltonian Moment"*, jener Moment, in dem es im Grunde einer europäischen Staatsgründung bedürfte, anders formuliert: in dem die Tatsache gemeinsamer Anleihen letztlich eine europäische Staatswerdung hervorbringen oder zumindest ein erster Schritt in diese Richtung erfolgen müsste. Doch lassen wir die Kirche im Dorf, um niemanden zu verschrecken: Der Ökonom Wolfgang Münchau hat in der *„Financial Times"* vorgerechnet, dass der *European Rescue Fund*, eine Kombination aus Direkthilfen und Kreditlinien, unter dem Strich die fiskalische Kapazität der EU, also die realen Transfers über Landesgrenzen hinweg, um gerade einmal 0,6 % erhöhen wird. Nichts, was wirklich einem *Hamiltonian Moment* gleichkommen würde. Wenn die EU jetzt also gemeinsame Anleihen aufnehmen wird und Direkthilfen jenseits von Landesgrenzen vergibt, um sich selbst, ihren Binnenmarkt und ihre Währung zu retten – also den Ast, auf dem sie sitzt –, dann ist keine Gefahr in Verzug.

Sondern dann ist im Wesentlichen ein zunächst minimaler Schritt in Richtung Staatlichkeit gemacht. Und im Zweifelsfall ein Keim der Hoffnung gepflanzt, dass ein zweiter Schritt in diese Richtung folgen könnte. Je weniger heimlich das getan würde, desto besser wäre es: Vor der Debatte über eine europäische Staatenbildung wegzulaufen, ist kurzfristig verständlich – es ist zu kompliziert! –, langfristig aber unklug. Niemand Geringerer als Peter Huber, der deutsche Verfassungsrichter im Zweiten Senat, hat das im Mai 2020 in einem Interview mit der *FAZ* so formuliert: „*Gemeinsame europäische Anleihen bedürften im Grunde genommen eines gemeinsamen europäischen Staates, weil über sie gemeinsam entschieden werden müsste.*" Und zwar in einem Parlament der europäischen Bürger*innen, nicht in einem EU-Rat mit nationalen Vetorechten. Es ist das Herz der europäischen Souveränitätsdebatte: Wer entscheidet in Europa? Die Bürger*innen oder der Rat?

Die Frage aber ist: Was machen wir in diesem Moment, in dem die EU aus ihrer bestehenden institutionellen Form gleichsam herauswächst bzw. über sie hinauswachsen muss? Die Debatte leugnen? Besser nicht! Diese Fragen nicht offen zu diskutieren, dürfte auf Dauer zu einer Art europäischer Systemfäulnis führen, dass nämlich stets etwas getan wird – zum Beispiel gemeinsame Anleihen –, ohne die legitimatorische Basis dafür zu schaffen. Gewinner: die Populisten, die das Gespenst des undemokratischen Europa auf ihre Pankarte malen. Verlierer: die europäischen Bürger*innen! Und zwar alle: diejenigen, die sich heute schon von europäischen Populisten instrumentalisieren lassen, und diejenigen, die unter den postdemokratischen Strukturen der EU – oft, ohne es zu bemerken – leiden.

Die Frage aber ist: Was machen wir in diesem Moment, in dem die EU aus ihrer bestehenden institutionellen Form gleichsam herauswächst bzw. über sie hinauswachsen muss?

Machen wir uns nackig

Diskutieren wir es also kühn nach vorne: Warum kein europäischer Staat? Wer von europäischen Bürger*innen spricht, wer den Begriff der europäischen Souveränität in den Mund nimmt, redet im Grunde von nichts anderem. Könnten wir uns einen europäischen Staat vorstellen? Was eigentlich außer perspektivisch ein Staat, soll aus der *ever closer union* eigentlich werden? Ist Corona jener Moment, in dem die europäischen Bürger*innen das technokratische EU-Gestrüpp, das sie umgibt, einfach abstreifen, jener *civic turn*, und daraus ein europäischer Verfassungsprozess hervorgeht, an dessen Ende eine moderne europäische Staatengründung steht? Und wie könnte das ganz konkret aussehen?

Der Staat ist eine ureigene europäische Erfindung! Der moderne Staat, der sich heute in der Europäischen Union mit seinesgleichen verbindet, ist das Ergebnis einer langen Geschichte.

Der Staat ist eine ureigene europäische Erfindung! Der moderne Staat, der sich heute in der Europäischen Union mit seinesgleichen verbindet, ist das Ergebnis einer langen Geschichte. Seine mittelalterlichen Vorläufer wurden nicht durch geografische Grenzen, sondern durch den Lehenseid zusammengehalten in Zeiten, in denen es noch keinen Staat im heutigen Sinn, sondern Herrschaftsverbünde gab. Europa bestand, im Westen wie im Osten, was die Entwicklung seiner Staatenwelt anging, aus sehr unterschiedlich gestalteten Regionen, die mit sehr unterschiedlichen Voraussetzungen in die Neuzeit eintraten und die sich immer neu sortiert haben. Bis heute hat kein europäischer Staat einen Ewigkeitswert. Wer mit wem in einem Staat zusammenwohnt, ist *fluid*: Staaten kommen und gehen. Nicht ausgeschlossen, dass der Brexit zum Beispiel einen schottischen Staat hervorbringt. Wenn die europäischen Bürger*innen morgen entscheiden, in einem europäischen Staat leben zu wollen, könnten sie das tun, denn sie sind der Souverän. Sie übertragen gedanklich dem Hobbes'schen Leviathan ihre Souveränität, damit er sie schützt, und sie können sich theoretisch dafür egal welchen Staat aussuchen bzw. gründen. Um zu der Überzeugung zu gelangen, dass übermorgen ein europäischer Staat die europäischen Bürger*innen vielleicht besser schützt als die heutigen Nationalstaaten, braucht es nach Corona nicht mehr viel.

Im Übrigen ist auch die Frage nach dem europäischen Staat wahrlich nicht neu. Gerade für jüngere Leser, die die EU nur als *Governance*-Struktur kennen, die sich Sachpolitiken widmet – nach Corona jetzt einem europäisches Gesundheitssystem, einem *Green New Deal* oder einem Epidemie-Zentrum –, wissen das meist nicht mehr. Dass die Ursprungsabsicht der *ever closer union* einmal die bundesstaatliche Entwicklung Europas war, ist ihnen verborgen. Europa war in dieser Debatte schon einmal viel, viel weiter!

Alte Debatte in neuem Gewand

Die Frage ist, ob sich heute das europäische Umfeld zwischen China und den USA, die internationale Lage, das Bewusstsein der europäischen Bürger*innen durch die gemeinsam durchlebte Krisendekade – Bankenkrise, Geflüchtetenkrise, Brexitkrise, Corona-Krise – soweit verändert haben, dass die politischen Voraussetzungen gegeben sind, eine europäische Staatenwerdung offen zu thematisieren? Nicht im Sinne eines radikalen *Scoops*, einer plötzlichen Staatsgründung oder eines Systembruchs; sondern im Sinne eines mehrjährigen Prozesses, wie beim Euro, den Europa ganz geordnet auf die Schiene bringen würde: eine Art Altbausanierung, bei der ein solider europäischer Staat um die existierenden Nationalstaaten herum aufgebaut wird, sodass man, wenn die tragenden europäischen Wände eingezogen sind – ein deutlich erhöhtes gemeinsames Budget, ein Eurozonenparlament, gemeinsame Anleihen, eine europäische Arbeitslosenversicherung u.v.a.m. –, die nichttragenden Wände (die heutigen nationalstaatlichen Grenzen) problemlos einreißen könnte. Hand aufs Herz: Ist das nicht genau der Prozess, in dem wir in Europa stecken? Nur *sprechen* wir es nicht aus und machen es nicht sichtbar. Und vielleicht ist genau das der Fehler?!

„*Die Nation ist eine gefühlsmäßige Gemeinschaft, deren adäquater Ausdruck ein eigener Staat wäre, die also normalerweise die Tendenz hat, einen solchen aus sich hervorzutreiben. Die kausalen Komponenten aber, die zur Entstehung eines Nationalgefühls in diesem Sinne führen, können grundverschieden sein.*“ Dieser Satz stammt aus dem Jahr 1912 und ist von niemand Geringerem als Max Weber. Ist Corona ein Moment, der die europäischen Bürger*innen in den Zustand einer gefühlsmäßigen Gemeinschaft versetzt, sodass sie beschließen, gemeinsam einen Staat hervorzutreiben? Oder zumindest eine Debatte darüber zu beginnen, ob wir nicht genau das tun sollten und wollen? Oder wenigstens über die Konsequenzen nachzudenken, was passiert, wenn wir es nicht tun?

Ist Corona ein Moment, der die europäischen Bürger*innen in den Zustand einer gefühlsmäßigen Gemeinschaft versetzt, sodass sie beschließen, gemeinsam einen Staat hervorzutreiben? Oder zumindest eine Debatte darüber zu beginnen, ob wir nicht genau das tun sollten und wollen?

La Question de l'État Européen, die Frage des europäischen Staates, das ist der Titel eines Buches des französischen Politikers und Philosophen Jean-Marc Ferry. Das kluge Buch, das die weitgehende Kongruenz der Begriffe Nation – Staat – Republik in ihren vielschichtigen europäischen Facetten herleitet und detailliert beschreibt, wie ein europäischer Staat aussehen könnte oder müsste, stammt aus dem Jahr 2000. Als Ferry sein Buch veröffentlichte, stand die EU inmitten ihres ersten Verfassungsprozesses. Die Frage der europäischen Staatlichkeit zu diskutieren war nicht anrüchig, im Gegenteil, sie war *en vogue*. Jürgen Habermas und Jacques Derrida waren ein führendes deutsch-französisches Tandem der damaligen europäischen Verfassungsdebatte, das die akademische und öffentliche Welt trittsicher durch die Fallstricke eines solchen lotste: europäische Souveränität, politische Union, Bürgerschaft, *Citoyenneté*, Föderalismus, Bundesstaat, Verfassung. Alles Begriffe, die in der heutigen europäischen Debatte nach Corona – der Debatte um das Eingemachte – wieder stark im Kommen sind. Stück für Stück wurden schon damals die Ingredienzen einer europäischen Staatenwerdung auf den Tisch gelegt und diskutiert.

Ferry war wahrlich nicht allein mit seiner Idee einer europäischen Staatswerdung. Der große deutsche Soziologe Ulrich Beck schrieb zusammen mit Edgar Grande ein vielbeachtetes Buch über das *Kosmopolitische Europa*, überzeugt, gar beseelt von der Idee, dass die tiefgreifenden gesellschaftlichen Prozesse der Europäisierung – Binnenmarkt, Euroeinführung, Osterweiterung – derartig großes transformatives Potenzial haben würden, dass daraus zwangsläufig eine postnationale Demokratie, eine Demokratisierung Europas im Sinne eines historischen Sonderwegs hervorgehen würde. Keine Duplizierung der nationalen Demokratien in ihren bekannten Formen, sondern eine neue, flache, partizipative Netzwerkdemokratie, in der die horizontal, über Landesgrenzen hinweg vernetzten europäischen Bürger*innen jeweils lokal entscheiden, die Entscheidungen aber europäisch rückgekoppelt sind: ein *Empire* ohne inneren Hegemon (also z. B. dominierende Staaten, wie heute vor allem Deutschland), ein *Empire* des Konsenses, nannte Ulrich Beck das damals. Wenn heute die Bürgermeister von Prag, Budapest, Bratislava und Warschau zu Protokoll geben, dass sie sich über ihre jeweiligen Regierungsvertreter im Europäischen Rat zum Beispiel in der europäischen Flüchtlingspolitik nicht vertreten fühlen und als europäische Städte darüber eigenständig entscheiden möchten, sind wir schon fast bei dem, was damals gedacht wurde: konkret eine *Glokalisierung* und die Verknüpfung der lokalen Ebene mit europäischer Staatlichkeit. Und zwar eine fluide, durchlässige europäische Staatlichkeit, bürgerbasiert, die zum Zweck und Ziel hat, die ohnehin durch die ökonomische und private Freizügigkeit rasant stattfindende *Europäisierung* der Gesellschaften zu rahmen und ihr politische Struktur zu geben. Ohne diese Struktur wären die europäischen Bürger*innen bald buchstäblich heimatlose und verwaiste Bürger*innen.

Des europäischen Marktes neue Kleider

Das Anziehende der damaligen Debatte über eine europäische Staatswerdung war, dass man das ökonomische Europa,

Denn wer korrigiert den europäischen Binnenmarkt, wer sorgt – ländergreifend – für seine soziale Ausgestaltung, wenn Europa kein Staat ist?

bestehend aus Binnenmarkt und Euro, einkleiden wollte in eine europäische Staatlichkeit. Selten war diese Idee vordringlicher als nach Corona. Corona rückt die soziale und ökologische Frage in Europa in den Vordergrund, Dinge, die ein Binnenmarkt eben nicht von allein regelt, sondern die eines staatlichen Korrektivs bedürfen. Da ein Markt und eine Währung normalerweise an einen Staat gekoppelt sind, war die damalige Debatte über eine europäische Staatlichkeit eigentlich das Normalste auf der Welt – und sollte es heute auch noch sein. *Unnormal* ist im Gegenteil, dass diese Debatte seit 20 Jahren nicht mehr geführt wird, als hätten wir in Europa vergessen, dass Märkte politisch konstituiert sein müssen und der dauerhaften politischen Korrektur bedürfen, um gesellschaftlich effektiv funktionieren zu können. Wenn jetzt die Rückkehr des Staates gepriesen wird, muss daher die Notwendigkeit eines *europäischen Staates* thematisiert werden. Denn wer korrigiert den europäischen Binnenmarkt, wer sorgt – ländergreifend – für seine soziale Ausgestaltung, wenn Europa kein Staat ist? Als *unpolitisches* Steuerungselement wird der jetzt aufgelegte europäische *Green New Deal* nicht funktionieren können, jedenfalls nicht im Sinne eines europäischen *Gemeinschafts*projektes, dessen Herzstück nach Corona die gemeinsame Bewirtschaftung europäischer öffentlicher Güter ist. Europa gibt das Geld und die Nationalstaaten entscheiden, wie sie es verwenden? Dann sind wir in Europa in zehn Jahren noch da, wo wir jetzt sind: nicht sehr weit! Nein, schlimmer: Denn wer stehen bleibt, fällt zurück …

Und das kann einen, wenn man wie ich diesen europäischen *Zirkus* seit nunmehr rund 30 Jahren beobachtet, schon nachgerade erschöpfen. Ich möchte stöhnen, wenn fast täglich das europäische Murmeltier grüßt. Ich bin wahrlich nicht die Einzige, die sich manchmal an den Kopf fasst, wenn in der EU seit 30 (oder wie viel mehr?) Jahren wieder und wieder die gleichen Debatten über „Krönungstheorie", *Gouvernement Économique* oder politische Union, über europäische Demokratie, Bundesstaat oder europäischen Föderalismus geführt werden. Eine einzige tibetanische Gebetsmühle, nur werden die Gebete anscheinend nicht erhört. Jan Priewe, ein deutscher Ökonom, resümierte in einem Artikel vor Corona die dreißigjährige Debatte über den Euro und die Euro-Governance mit den Worten: *„Eine Gemeinschaftswährung funktioniert nicht ohne ein Mindestmaß an Staatlichkeit."* Na, bitte …

Aus Markt mach Staat

Denn wahrscheinlich ist es falsch zu denken, dass der europäische Faden nicht auch einmal reißen kann, wenn wir nichts tun, wenn aussitzen und weitermachen wie bisher, wenn *nichts ändern* eben keine Lösung ist. Das rheinische *Et iss noch immer jut jejangen* kann auch danebengehen.

Covid-19 hat, wie kaum ein anderes Ereignis, dieses Problem, die mangelnde Markt-Staat-Koppelung in Europa, ins öffentliche Bewusstsein gerückt. Wie mit dem Brennglas hat ein kleines unsichtbares Virus den Blick darauf gelenkt, dass ein *unpolitisches* Markteuropa und eine buchstäblich *asoziale* Währung eine Lebenslüge sind und Europa so dauerhaft, vor allem aber in einer Krise, die *souveränes* Handeln erfordert, nicht funktionieren kann. Ganz abgesehen davon, dass sich seine Bürger*innen von ihm abwenden. Darum muss die europäische Debatte nach der Corona-Krise eine andere sein als nur die, ob „Markteuropa" sich jetzt in einem *Green New Deal* technologisch, elektro-mobil und digital modernisiert. Auch die Modernisierung der institutionellen Strukturen in Europa muss in den Blick genommen werden, in deren Mittelpunkt die europäischen Bürger*innen in ihrer Gesamtheit stehen müssen. Vor diesem Hintergrund sind die Erwähnungen, allein die Benutzung des Begriffes eines *europäischen Staates* in der Post-Corona-Diskussion, selbst wenn sie zunächst *ex negativo* daherkommen, nicht nur ein Novum, sondern ein Hoffnungsschimmer. Wer hätte sich in den letzten zehn Jahren getraut, von einem europäischen Staat zu reden?

Immer *super*?

Das geschickteste Abwehrgefecht besteht bei öffentlichen Diskussionen darin, den europäischen Staat immer mit dem Attribut *super* zu schmücken. Ein geschickter Schachzug, ihn als nicht erstrebenswert hinzustellen. Immer geht es um den europäischen *Superstaat*, den niemand will, der alles an sich zieht und in dem jeder vermeintlich seine Identität verliert. Haben die Schotten etwa ihre Identität verloren, weil sie im Vereinigten Königreich ihren Staatsverband haben? Oder die Bretonen im französischen? Oder die Bayern im deutschen? Der europäische Staat aber darf nicht ohne *super* daherkommen: Wer vom europäischen Staat redet, dem werden krude Zentralisierungsabsichten unterstellt und die Unterwanderung kultureller Identität. Dabei bedeutet bürgerliche Rechtsgleichheit noch lange keine Zentralisierung, wie alle föderalen Staaten wissen.

Warum ist das so? Niemand käme auf die Idee, vom deutschen, österreichischen oder französischen Staat als *Superstaat* zu sprechen, niemand käme auf die Idee, man könne auf den österreichischen, deutschen oder französischen Staat verzichten und Bund, Länder und Gemeinden, Regionen, Städte und Bürger*inne gleichsam allein, also ohne schützenden Staat, auf die grüne Wiese pflanzen. Bei Europa aber scheint ein nüchterner Blick auf den Begriff des Staates, ein unaufgeregtes Bekenntnis zur Notwendigkeit, ja, zur Sinnhaftigkeit von Staatlichkeit nicht möglich. Das ist zumindest verwunderlich. Denn auch mit Blick auf die USA oder China, die in Europa ob ihrer Handlungsfähigkeit mit abwechselnd argwöhnischen, neidischen oder bewundernden Augen betrachtet werden, ist nie von *super* die Rede. Selbst bei China ist nie von einem *Superstaat* die Rede, einem totalitären noch dazu, obgleich, wenn ein Staat diese Begrifflichkeit verdient hätte, es wohl der chinesische Staat wäre. Es geht also nicht darum, ob ein europäischer Staat *super* wäre oder nicht, sondern es geht darum, dass ein Staat für ein funktionierendes Gemeinwesen notwendig ist. Und ein Gemeinwesen will Europa doch sein, oder? Erst recht nach Corona.

Covid-19 liefert in der Tat viele Argumente für eine europäische Staatsgründung.

Covid-19 liefert in der Tat viele Argumente für eine europäische Staatsgründung. Zentral während der Krise war vor allem der Ruf nach europäischer Autonomie. Auf einmal war es problematisch, dass in ganz Europa kein medizinisches Vlies mehr hergestellt wird, dass die gesamte Textilindustrie nach Asien ausgelagert worden war, dass Medikamente – selbst Aspirin – auf dem europäischen Markt nicht autark produziert werden können. Auf einmal wurde die Abhängigkeit vor allem von China drastisch sichtbar, gleichzeitig aber, wie bereits ausgeführt, die Notwendigkeit des Binnenmarktes: In Deutschland lässt sich vielleicht noch gut argumentieren, dass medizinisches Vlies jetzt *national* hergestellt werden müsse, in Luxemburg, Malta oder Estland ist das aber nicht möglich, es muss *europäisch* sein. Ökonomische Autarkie entspricht staatlicher Souveränität. Nur wer souverän ist, ist unabhängig. Solange Europa kein Staat ist, ist es nicht souverän und letztlich sowohl abhängig wie handlungsunfähig. Das kann man wollen oder nicht. Die Frage ist indes, wer frohlockt, wenn Europa strukturell abhängig und handlungsunfähig ist. Die europäischen Bürger*innen sicher nicht!

Nicht *wissen*, sondern *machen*!

Wer sich heute die Mühe macht, die Texte der Jahrtausendwende über die europäische Verfassung auszugraben, kann über eine mangelnde, intensive, ja akribisch geführte Debatte wahrlich nicht klagen. Die Sozialwissenschaften, die Rechtswissenschaften, alle haben geliefert. Eher muss man sich darüber wundern, dass wir nicht längst einen europäischen Staat haben. Und wie diese Debatte in nur 20 Jahren so sehr in Vergessenheit, ins politische Abseits geraten konnte. Alles schien damals vorbereitet, alles durchdacht. Wer aus der Perspektive von Corona-Europa, gefüttert mit Rettungsschirm-Billionen und *Green-New-Deal*-Ambitionen, auf die damalige Debatte schaut, der kann eigentlich nur eine Frage im Kopf haben: Wie kann es sein, dass der Kontinent von Hobbes und Locke, von Montesquieu und Rousseau, von Hegel, Kant und Tocqueville den Staat vergisst, wenn es um sein eigenes *politisches* Projekt geht? Wie kann es sein, dass die Finanzierung von Elektromobilität oder Digitalisierungskonzepten durch die EU als Basis für die Schaffung einer politischen, demokratischen Gemeinschaft angesehen wird.

Der Europäische Rat macht Exekutivföderalismus, den keine europäische Demokratie in ihrem Land zulassen würde. Die EU ist ungefähr so, als würde der österreichische Nationalrat – also die Vertretung der Bürger*innen – etwas beschließen, was die Landeshauptmänner und -frauen am nächsten Tag rückgängig machen. Die Europäische Währungsunion ist seit Jahrzehnten ohne Fiskal- und Sozialunion in einer Schieflage. Die Europäische Kommission selbst fördert über ihr Forschungsprogramm „Horizont 2020" Hunderte von Sozialwissenschaftler*innen, die alle ihre wissenschaftlichen Finger in diese Wunde legen. Wie kann es überhaupt sein, dass diese Klagen in der Politik nicht ankommen, in derart kolossaler Manier ignoriert werden, als würde man alle Ohren auf Durchzug gestellt haben? Wo liegt der Grund dafür, dass in Zeiten *evidenzbasierter* Politik, in der ohne wissenschaftliche Studie kein politischer Akt mehr durchgeführt werden kann, die Sozialwissenschaften in Europa derart ignoriert werden, und was heißt das eigentlich für eine Gesellschaft? Dies ist mehr als eine zynische Frage. Für mich zeigt es, dass jenseits von Wissenschaft auch das offene *Denken* wieder mehr Raum bekommen müsste in der Politik, das *Neu*denken vor allem, der Mut und eine europäische Praxis. Denken aber kann man nicht wissenschaftlich messen, man muss es tun. So wie wir damals den Euro erst *gedacht* und dann *gemacht* haben. Punkt.

Es nicht zu tun, führt auf europäischer Ebene immer mehr in eine Politik der Selbstverleugnung, zu heuchlerischen Formulierungen, substanzlosem Reden und undurchschaubaren Prozessen, die der eigentliche Nährboden für den wachsenden

Euro-Populismus und Nationalismus sind. Der legalistische, europäische Rechtspositivismus wirkt hohl und das bekommen die europäischen Bürger*innen zunehmend mit. Das europäische Demokratiedefizit wurde in der Vergangenheit stets beklagt und doch nie behoben. Gäbe es eine europäische Klagemauer vor dem Berlaymont-Gebäude in Brüssel, das Lamento würde endlos erklingen. Schon 2004 (!) formulierte Ulrich Beck, dass weitere Integrationsschritte der EU ohne größeren Schaden für das europäische Projekt nicht mehr durchsetzbar sind. Das war weit vor der Bankenkrise 2010, vor der in Griechenland und anderswo ohne Legitimation wütenden europäischen „Troika“, vor der Geflüchtetenkrise von 2015 und erst recht vor Corona. Und jetzt sollen Milliarden quer über den europäischen Kontinent verteilt werden ohne Diskussion über die legitimatorischen Voraussetzungen? Es kann und wird – wenn es nicht ehrlich diskutiert wird – nur in eine zunehmende populistische Keilerei zwischen Nord- und Südeuropa münden.

Glauben wir wirklich, dass wir nach Corona mit derselben kognitiven Dissonanz durchkommen, uns also sehenden Auges immer weiter in den postdemokratischen Prozessen der EU festbeißen, die immer mehr hinter verschlossenen Türen verhandelt und mit Milliarden zugekleistert werden müssen, damit niemand etwas laut sagt?

Glauben wir wirklich, dass wir nach Corona mit derselben kognitiven Dissonanz durchkommen, uns also sehenden Auges immer weiter in den postdemokratischen Prozessen der EU festbeißen, die immer mehr hinter verschlossenen Türen verhandelt und mit Milliarden zugekleistert werden müssen, damit niemand etwas laut sagt?

Und welches Armutszeugnis ist dies de facto für den europäischen Kontinent, der sich vor allem in den letzten Jahren seiner Werte so gerühmt hat? Es ist diese Unehrlichkeit, die der EU politisch am meisten schadet, nämlich dass sich Europa seit rund 20 Jahren weigert, das *Politische* schlechthin zu besetzen. Insofern dürfte es ein Lackmustest werden, ob die von Ursula von der

Leyen anberaumte Zukunftskonferenz von 2020 bis 2022 die Chance hat, zu einer europäischen Bürgerbewegung und zu einem Verfassungskonvent zu werden. Oder ob sie lediglich einen postdemokratischen Inszenierungscharakter hat, in dem Sinne, dass man die europäischen Bürger*innen Demokratie spielen lässt, so wie Erwachsene ihre Kinder bei Ikea in den Bällen am Eingang spielen lassen, während das eigentliche Geschäft woanders stattfindet.

Das bürgerliche Emanzipationsbegehren in Europa jedenfalls hat sich drastisch verstärkt. Die Frage nach europäischer Souveränität ist nach Corona geradezu virulent geworden. Souveränität mit Blick auf die digitale Infrastruktur, auf militärisches Material und Einsatzfähigkeit, strategische Güter und neuerdings Impfstoffe. Wäre es nicht an der Zeit, die Frage nach europäischer Souveränität endlich mit dem resoluten Willen der Gründung eines europäischen Staats zu klären?

Konkret ginge es um fünf Schritte:

1.
Die Schaffung einer europäischen *Proto*-Staatsbürgerschaft, die alle europäischen Bürger*innen überall auf dem europäischen Territorium gleiche Rechte und Pflichten gibt. Dies könnte man konkret dadurch auf den Weg bringen, dass von einem Stichtag an – etwa 1. Januar 2025 – alle europäischen Bürger*innen eine *European Citizen Card* ausgehändigt bekommen.

2.
Die Schaffung einer politischen Autorität, die ein substanzielles Eurozonen-Budget (mindestens 30% des europäischen BIP) verwaltet, die alle Maßnahmen zur Stabilisierung des Euros ergreifen und die gemeinsame Anleihen, sofern die der Her- und Sicherstellung öffentlicher Güter in Europa dienen, vergemeinschaften kann, um Zinsgleichheit für die europäischen Staaten herzustellen und Zinskonkurrenz zu unterbinden. Damit würde ein liquider gesamteuropäischer Anleihemarkt zunächst der Eurozone geschaffen.

3.
Die Schaffung einer gemeinsamen europäischen Außengrenze, die durch eine einheitliche Asyl- und Migrationspolitik als Ganzes bewirtschaftet und gemeinsam überwacht wird, bei der nicht nur die Staaten mit den betroffenen Außengrenzen die Lasten tragen.

4.
Die Schaffung eines europäischen Außenamtes, das für die gesamt europäische Außenpolitik zuständig zeichnet, und dem eine europäische Armee mit einer einheitlichen, europäischen Kommandostruktur zur Seite gestellt wird.

5.
Die Schaffung direkter europäischer Steuereinnahmen, deren Kontrolle und budgetäre Überwachung einem souveränen Europäischen Parlament unterstellt werden.

Von den europäischen Bürger*innen her gedacht, könnte das bewerkstelligt werden. Sie könnten über einen solchen Prozess in einem gemeinsamen Referendum – zum Beispiel parallel zu den nächsten Europawahlen im Mai 2024 – entscheiden. Gegebenenfalls müsste es in zwei Stufen passieren: Die europäische Staatsgründung müsste von der Eurozone ausgehen, die wirtschaftlich und sozial schon deutlich integrierter ist, dann in einem zweiten Schritt auf die heutige EU 27 (plus vielleicht die Schotten oder die Waliser?) ausgedehnt werden. Von den europäischen Staaten ist eine solche europäische Entwicklung nicht zu erwarten. Es bedarf des erwähnten *civic turns*: Der europäische Staat kann nur durch eine Bürger*innenbewegung hervorgerbacht werden!

Der europäische Staat wäre für alle gleichermaßen da: für Liberale, Konservative, Grüne und Progressive, sogar Identitäre. Er wäre die neue Arena für die politischen und ideologischen Auseinandersetzungen in Europa. Wir würden zwar – wie in jedem Staat – nicht alle die gleichen *Werte* teilen, aber als europäische Bürger*innen die gleichen *Rechte* haben. Jedenfalls müssten wir nicht mehr in oft heuchlerischer Manier die europäischen Werte gegen die sogenannten Populisten verteidigen, was die europäische Debatte zunehmend polarisieren dürfte, während die EU selbst in vielerlei Hinsicht nicht mit dem kongruent ist, was man gemeinhin als Demokratie bezeichnet.

Wäre das nicht viel schöner?

Jedenfalls müssten wir nicht mehr in oft heuchlerischer Manier die europäischen Werte gegen die sogenannten Populisten verteidigen, was die europäische Debatte zunehmend polarisieren dürfte, während die EU selbst in vielerlei Hinsicht nicht mit dem kongruent ist, was man gemeinhin als Demokratie bezeichnet.

Kapitel

5

V.
Wo gehen wir hin?

„Ce que nous partageons, C'est d'être inquiet. (...) Nous savons ce que l'homme peut faire à l'homme, nous connaissons l'abîme, nous avons été avalés par sa profondeur. (...) L'Europe, c'est une géographie qui veut devenir une philosophie. Nous sommes le continent Babel étrange et compliqué qui ne tient que dans cet équilibre subtil entre l'indépendance et la fraternité, la liberté et l'unité."

Laurent Gaudé, *Nous, l'Europe – banquet des peuples*

„Was wir teilen, das ist, dass wir beunruhigt sind (...) wir wissen, was Menschen anderen Menschen antun können. Wir kennen den Abgrund, wir sind von seinen Tiefen verschlungen worden (...) Europa, das ist eine Geografie, die eine Philosophie sein will. Wir sind der Kontinent Babel, fremd und kompliziert, der nur in diesem subtilen Gleichgewicht zwischen Unabhängigkeit und Brüderlichkeit, Freiheit und Einigkeit Bestand hat."

Laurent Gaudé, *Nous, l'Europe – banquet des peuples*

Wissen wir noch, was wir tun auf diesem Kontinent, und warum wir es gemeinsam tun? Was ist das Ziel, der Grund Europas? Das *politische* Projekt Europa wird nicht gelingen, wenn wir ihn nicht finden. Alle noch so rationalen Gründe, warum wir nach Corona den Binnenmarkt zusammen stabilisieren müssen, warum Europa strategiefähig und souverän werden sollte, all diese Gründe werden nicht greifen, werden politisch verhallen, wenn wir nicht mehr wissen, *warum*, *wozu* und *wofür* wir das tun. Und dieser Grund *für* Europa kann sich nicht in der Modernisierung seiner Industrien erschöpfen. Auch nicht darin, dass jetzt wieder medizinisches Vlies in Europa hergestellt wird oder Europa sich der erdrückenden Dominanz Chinas erwehren sollte. Und schon gar nicht darin, dass Europa bzw. Frontex dazu da ist, die Außengrenzen zu schützen und das Mittelmeer abzuriegeln. All dies funktioniert nicht für einen neuen Gründungsmythos Europas, denn es generiert weder Hoffnung noch Stolz. Effizienz aber hat für ein politisches Projekt noch nie gereicht. In welches Europa wollen wir uns hineindenken, wie soll es aussehen? Das ist die allerwichtigste Frage, sonst wird alles Geld der Welt Europa nicht retten. Das Denken bestimmt die Welt, *money only makes ideas go round.*

In welches Europa wollen wir uns hineindenken, wie soll es aussehen? Das ist die allerwichtigste Frage, sonst wird alles Geld der Welt Europa nicht retten.

Europas Gesicht ist entstellt

Was heute am meisten an Europa nagt, ist das unterdrückte Gefühl einer *Sinn*losigkeit im *politischen* Sinn, jenseits des institutionellen Funktionierens der EU. Und selbst Letzteres ist überaus brüchig geworden und immer nur notdürftig geflickt worden. Weit vor ihrem 70. Geburtstag ist die alte Dame EU in die Jahre gekommen. Bankenkrise, Eurokrise, Sparpolitik, Geflüchtetenkrise – alles hat sie überlebt, aber nichts glanzvoll gemeistert. Aus keiner der Krisen der letzten Dekade ist sie, wie früher einmal, gestärkt hervorgegangen. Eher mit dem verschreckten Gefühl, dass es gerade noch einmal gut gegangen ist, einer Verschämtheit, die nicht mehr ansprechend ist. Im Hintergrund wird in der EU-Kommission und im EU-Parlament fleißig gewerkelt, aber irgendwie zeigt die EU kein Gesicht mehr, denn das Gesicht ist entstellt. Brüssel hat sich in den letzten zwei Jahrzehnten massiv verändert. Ging es in den 1990er-Jahren um *Les Grands Projects*, um die großen Projekte, wie Jacques Delors, der EU-Kommissionspräsident von 1985 bis 1995, sie nannte

– Binnenmarkt, Euro, Osterweiterung, Schengen, eine Verfassung gar –, so geht es heute um eine Datenschutz-Verordnung, Artikel 13 und Upload-Filter oder Rettungsschirme. Es ist gerade diese unpolitische, gleichsam fleischlose Attitüde der europäischen Governance, die abtörnt, und die Europa so distanziert, so weit weg erscheinen lässt, obgleich es stimmt, dass ohne Binnenmarkt, ohne Euro, ohne Schengen, ohne Erasmus, ohne EZB-Rettungsschirm etc. das alltägliche Leben der meisten europäischen Bürger*innen ganz anders aussähe. Europa ist überall, aber *politisch* ist es eigentlich nirgendwo. Das ist – 70 Jahre nach Gründung der EU – immer noch das entscheidende Problem, oder anders formuliert: die Abstraktheit des politischen Gewölbes der EU. Es ist für die meisten Bürger weitgehend unsichtbar, aber würde es wegbrechen, wäre der Schaden enorm!

Europa ist überall, aber *politisch* ist es eigentlich nirgendwo. Das ist – 70 Jahre nach Gründung der EU – immer noch das entscheidende Problem, oder anders formuliert: die Abstraktheit des politischen Gewölbes der EU. Es ist für die meisten Bürger weitgehend unsichtbar, aber würde es wegbrechen, wäre der Schaden enorm!

Der *Green New Deal*, das Flagship-Projekt der EU nach Corona, kann daran nicht viel ändern. Er ist sehr vernünftig, aber entpersonalisiert. Die politische Identifikation mit Elektromobilität ist schwierig. Es dürfte für den Zusammenhalt Europas nach Corona nicht reichen. Der EU fehlt das Herzblut!

Es ist wichtig, daran zu erinnern, dass das früher anders war. Zu Delors' Zeiten atmete aus jeder Pore des Berlaymont-Gebäudes das Gefühl, hier wird eine Kathedrale gebaut. Eine europäische Kathedrale! Selbst wenn sie, wie der Kölner Dom, Jahrhunderte braucht, um fertig zu werden. Alle, die *dabei* waren, hatten das Gefühl, an etwas Großem mitzuarbeiten. Es ging nicht um eine Richtlinie, es ging immer um das Große und Ganze in Europa, um ein nobles politisches Projekt! Selbst das ehrliche Bemühen von Ursula von der Leyen, an derlei Rhetorik anzuknüpfen, wenn sie beispielsweise den *Green New Deal „Europe's man on the moon"*-Moment nennt, wirkt dagegen fast hilflos. Der Mann auf dem Mond, Apollo 1, das war 1969. Tempi passati!

„Sceptics don't build cathedrals", pflegte Henry Kissinger auf Konferenzen oft zu sagen. Europa hat sich heute unter die Skeptiker eingereiht und vor allem in Selbstzweifeln eingenistet. Bis vor kurzem noch fast missionarisch unterwegs, beseelt davon, mit *rule of law* und *good governance* die Welt ein bisschen besser zu machen, ist die EU inzwischen allzu oft an ihren eigenen Ansprüchen gescheitert. Hilflos im Syrienkrieg vor der eigenen Haustür, panisch mit Blick auf die Flüchtlingsströme auf dem Mittelmeer, China ergeben: Wofür steht Europa? Was ist sein Sinn? Worauf sind wir stolz? Und was – außer *Nie wieder Krieg!* – wollen wir nach Corona gemeinsam in der Welt machen? Solange es auf diese Frage keine plausible, keine eingängige, keine *ehrgeizige* Antwort gibt, dürfte sich das europäische Projekt auf dem Kontinent wieder verdunkeln, bis eine neue Generation neue Antworten findet.

Liberté, Égalité, Fraternitè – Freiheit, Gleichheit, Brüderlichkeit: das große Versprechen der europäischen Geistesgeschichte wiederentdecken und ihren Inhalt wieder der Welt zukommen lassen. Freiheit der Kulturen, Gleichheit im Recht, Brüderlichkeit beim Wirtschaften.

Oft konnte man in den letzten Jahren den Eindruck haben, dass die EU diese Werte eher verrät denn aktiv befördert. Konnte das Bauhaus vor 100 Jahren noch als Motto formulieren: *form follows function*, so kann dem politischen System heute eher das Umgekehrte bestätigt werden, nämlich *function follows form*, vor allem den filigranen Strukturen der EU, die vor diesem postdemokratischen *turn* nicht gefeit ist: formale Rechtsstaatlichkeit *ohne* Sozialstaatlichkeit, Transparenz *ohne* Macht, Governance *ohne* Accountability. Das Problem ist, dass man sich an der EU *formal* wenig reiben kann, sie aber *funktional* enttäuscht.

Gemessen an diesem Versprechen, das einst das europäische war, hat Europa nach Corona in der Welt viel zu tun, nämlich die Spuren jenes Republikanimus und Universalismus wieder freizulegen, die einst sein politisches Leitmotiv, das politische Versprechen auf eine bessere Zukunft für alle waren.

Dafür aber braucht es mehr als einen *Green New Deal*, mehr als klimafreundliche Innovationen. Dafür bräuchte es vor allem eine Innovation des Geistes, einen europäischen Wissenschaftsbetrieb, der Denken, vor allem *Anders*-Denken und *Um*denken wieder fördert und zulässt, eine *aufgeklärte* Wissenschaft, die über sich und ihren eigenen Betrieb nachdenkt und ihn infrage stellt. Keine Wissenschaft, die oft monolithisch daherkommt, meist mathematisch dazu, und einen Absolutheitsanspruch entfaltet hat, der fast schon religiös wirkt. Keine Wissenschaft, die Kritik neutralisiert. Sondern eine, die den Wert des *Neu*-Denkens wieder schätzt und den Preis für ihn auch bezahlt. Die weiß, dass es keine Wahrheit gibt, nie gab und nicht geben kann, weswegen auch die heute so gefeierte *evidenzbasierte Politik* ein gefährlicher Irrweg ist. Eine europäische Wirtschaftswissenschaft, die zwischen Wert und Preis, Besitz und Eigentum, Gemeinwohl und Profit unterscheiden kann und die deswegen *drei gerade sein lassen kann*. Eine europäische Philosophie, die ein anderes Ziel und einen anderen Anspruch hat, als auf Englisch in amerikanischen Journals zu veröffentlichen. Eine Politikwissenschaft, die erklärt, dass die *Form* der Demokratie nicht zu halten sein wird, wenn die *Funktion* der Demokratie – die Sicherung des Gemeinwohls – von wirtschaftlichen Konzentrationsprozessen unterspült wird. Eine Anthropologie, die uns erklärt, dass wir den Sinn Europas wohl nicht wiederfinden werden, wenn wir demnächst buchstäblich *sinn*los unseren Alltagsgeschäften nachgehen, in der neuen Post-Corona-Normalität: mit Kopfhörern auf den Ohren im digitalen Zoom-Universum, das *Bild* des anderen, nicht seine *Person* vor Augen, Nase und Mund bedeckt, teilweise mit Handschuhen an den Händen, berührungslos, also entkoppelt von allen *Sinnes*wahrnehmungen. Ob so neue *Sinn*haftigkeit entstehen kann? Wo uns doch die Sixtinische Kapelle, einer der Gründungsorte Europas, in der *Erschaffung Adams*, jenem Gemälde von Michelangelo, nahelegt, dass das Geheimnis der Menschheit in der *Berührung* und nicht in der Abschottung liegt …

Nur wenn wir uns wieder der *Sinne* bedienen, kann wieder *Lust* entstehen. Lust an Europa in der postumen Kondition, in der wir wissen, dass wir sterben werden, an einem Virus oder anders, aber trotzdem leben und nicht nur *über*leben wollen. Lust auf ein Europa mit einer angemessenen Mischung aus entfremdeter (maschineller / automatisierter) und unentfremdeter Arbeit. Lust an Europa als Kunstwerk.

An einer Balance zwischen gutem und schlechtem Stress, an dem Rhythmisieren der individuellen und der kooperativen Arbeit. An einem Ausgleich zwischen *vita activa* und *vita contemplativa.* Ein Europa, in dem wir den Ballast an entleerten europäischen Traditionen und verbrauchtem kulturellen Erbe abwerfen, den wir selber nicht mehr hören können, alten Sinn-Müll entsorgen und uns fragen, was heute der Fall ist, und was Abfall; welchen materiellen Überfluss wir verschenken oder eben vernichten; welche Wiederaufbereitung unseres kulturellen Erbes wir jenseits von Algorithmen anstreben. Wie wir Komplexität reduzieren, anstatt sie zu bemühen, um eine Entschuldigung dafür zu finden, dass wir letztlich nichts tun können.

Es geht um ein Gleichgewicht zwischen Konzentration und Zerstreuung; zwischen Beschleunigung und Langsamkeit, die wir während Corona für einen kurzen Moment wiedergefunden haben, nebst einem nie gekannten blauen Himmel und der Lust auf eine Natur, wie sie einmal war, bevor wir sie und unser Verhältnis zu ihr zerstört haben; um den Bruch mit der Feier der Jugendlichkeit in einer überalterten Gesellschaft; um Ausprobieren, auch unter Inkaufnahme von Risiken, und das positive Lebensgefühl, wenn wir ihnen gerecht werden, nicht nur um Versicherungen gegen Lebensrisiken; um die Reduktion des vorauseilenden Gehorsams und um die Kultivierung des zivilen und des wilden Ungehorsams, denn, wie die große europäische Denkerin Hannah Arendt es formulierte, deren gesamtes Werk auf dem Impetus der Freiheit gründet: *„Keiner hat das Recht zu gehorchen!"*

Pandemie im Denken

Dies alles in einer vermeintlichen Post-Corona-Normalität zu vergessen, könnte zum eigentlichen Problem für den europäischen Kontinent werden, zu einer Pandemie im Denken, das von einem Nimbus der Sicherheit infiziert ist, die nie allein die Grundlage politischer Gestaltung sein kann. Corona war, wie der Bonner Philosoph Markus Gabriel während der Krise schrieb, die Chance zu verstehen, dass wir – nicht nur in Europa – in einem letalen, einem krankhaften System leben, dessen Wiederherstellung, also die Rückkehr zur vermeintlichen Normalität, gerade darum nicht Ziel sein kann, sondern nur seine stete Veränderung. Und diese Veränderung müsste mehr sein als ein unreflektierter *Boost* der Digitalisierung, die nur eine Form, kein Inhalt ist, und die gefüllt werden muss mit einem geisteswissenschaftlichen, einem gesellschaftlichen Anspruch.

Es geht in Europa ferner darum, neue Gemeinschaften zu (er-)finden, wie der italienische Philosoph Giorgio Agamben das nennt, nicht nur eine karge EU, sondern eine wirkliche *europäische Gemeinschaft*. Und zu einer Gemeinschaft gehört unter anderem, freiwillig (oder wenigstens pflichtbewusst) höhere Steuern zu zahlen, um dieses Gemeinwesen zu sichern. Es geht also darum, Europa zu einem Labor zu machen, in dem experimentiert und gestritten wird um einfachere, aber nicht *zu* einfache Lösungen, wie Einstein es formuliert hat. Das alles muss mehr sein als ein *Green New Deal*, der vielleicht das ökologische Gewissen beruhigt, eine digitale, elektro-mobile Bequemlichkeit in Europa garantiert, aber noch lange keine Gemeinschaft schafft, wenn alle atomisiert hinter ihren Bildschirmen sitzen.

Er könne sich nicht vorstellen, dass eine Demokratie bestehen könne, wenn nur 50 Personen mit Abstand und Maske demonstrieren dürften, schreibt der bulgarische Intellektuelle Ivan Krastev über Europa nach Corona. Die Masse, Straßen voller Menschen, Bürger*innen, die für ihre Rechte kämpfen, eine Bürgerbewegung, das war und ist – siehe die Bilder aus Amerika nach dem Tod von George Flyod oder jene aus Hongkong – immer der Jungbrunnen von Demokratien gewesen: Da entsteht sie, da erneuert sie sich. Mit Recht analysierte Agamben in einem seiner Beiträge in der *NZZ* während der Corona-Krise, dass das ganze Gerede von Solidarität heuchlerisch ist, solange jeder für sich allein hinter seinem Bildschirm stirbt. Solidarität ist dann nur eine virtuelle Fiktion. Canettis Fackel, sie ist erloschen, wenn die digitale Masse atomisiert ist und nicht zur Bürgerbewegung werden kann.

Berührung war das, was Europa angeboten hatte. Über Grenzzäune und Sprachen und Kulturen hinweg. Berührung war das europäische Projekt, nämlich über Freizügigkeit, Austausch, Reisen, Erasmus, Binnenmarkt und kulturelles Miteinander die Hoffnung auf Zusammenwachsen, auf Empathie, Solidarität und letztlich ein vorurteilsloses, *politisches* Miteinander. Welches europäische Projekt, welche Idee kann das alles nach Corona aufgreifen, fortschreiben, Sinn anbieten? Wem die technologische Modernisierung nicht ausreicht, dem bleibt nicht viel außer dem gemeinsamen, *politischen* Tun, das sich normalerweise in dem Projekt einer Staatsgründung ausdrückt.

Unterschiedlich, aber gleichwertig – der politische Schlüssel

Das heißt aber in erster Linie die Wiederentdeckung eines *politischen* Vokabulars, wenn es um Europa geht, als da sind: Republik, Revolte, Bürgerbewegung, die friedliche Revolution gar. Oder: Rechte, Staatsbürgerschaft, Gemeinwesen, Gemeinwohl. Es gilt, ein potenziell universelles Recht auf Politik, auf das *Politische* schlechthin in Europa wiederzufinden.

Oder, wenn man lieber will, eine europäische Politik der permanenten, der ununterbrochenen, friedlichen Revolution und eine Politik des Staates als institutionelle Ordnung. Denn *Liberté* und *Égalité*, Freiheit und Gleichheit als Inbegriff des Strebens aller europäischen Politik, streben ständig danach, sich zu entzweien, als unterschiedliche Prinzipien oder Werte in Erscheinung zu treten, auf die sich politisch dann einander entgegengesetzte Lager oder Kräfte berufen können, während der Sinn aller europäischen Politik in seiner Essenz nur sein kann, ständig für die Verschränkung von Freiheit und Gleichheit im Sinne einer „Gleichfreiheit" einzutreten: Alle Europäer*innen sind unterschiedlich, aber gleichwertig, darum muss es im Kampf um ein demokratisches Europa gehen!

Das heißt aber in erster Linie die Wiederentdeckung eines *politischen* Vokabulars, wenn es um Europa geht, als da sind: Republik, Revolte, Bürgerbewegung, die friedliche Revolution gar. Oder: Rechte, Staatsbürgerschaft, Gemeinwesen, Gemeinwohl.

Und nur darin könnte, sollte die „Gleichfreiheit" in Europa gelingen, Europas politisches Angebot an die Welt liegen. Deswegen ist die direkte Bürger*innen-Europa-Beziehung, die der rote Faden dieses Buches ist, so zentral. Deswegen ist Europa letztlich nur als Bürgerbewegung darstellbar, als Politik des Aufstandes, der Insurrektion, als eine Politik der Verfassung, der Konstitution! Sonst ist Europa vor allem durch eines gefährdet: den unbeschreiblichen *Ennui* des saturierten Daseins!

Deswegen ist diesem Abschlusskapitel jenes Zitat aus *Nous, l'Europe – banquet des peuples* von Laurent Gaudé vorangestellt. Denn Dichter und Denker haben, allen voran, Europa gedacht und gemacht, in der *République des Lettres*, jenem Humanismus, dessen Europa sich rühmt. Was uns eint, ist, dass wir – nach Corona zum wiederholten Mal! – besorgt sind, auf diesem europäischen Kontinent, der eine Geografie ist, aus der wir eine Philosophie machen wollen. Was uns eint, ist, dass wir kein Pantheon haben, vor dem sich alle verneigen. Sondern nur das fragile Gleichgewicht eines europäischen Babel, dessen einziges Credo eben jenes *Liberté, Égalité, Fraternité* ist, unser politischer Schlüssel, um die zunehmende Sichtbarkeit der Ungleichheiten und Ungleichzeitigkeiten in Europa auszugleichen. Ohne Gleichgeltung der Teile Europas können wir ernste Konflikte kaum vermeiden. Europa ist seit der frühen Neuzeit ein Labor, in dem mit der Koexistenz gleichgeltender ökonomischer, politischer, sozialer, rechtlicher, kultureller, mentaler etc. Verschiedenheiten experimentiert wird. Und diese Koexistenz wird sich unter dem wachsenden Druck ökologischer, digitaler und Migrationsprobleme weiter bewähren müssen, sie wird *politisch* gerahmt werden müssen. Der Binnenmarkt und der Euro, Rettungsschirme und *Green New Deal* sind bestenfalls taugliche Instrumente, um diese *République des Lettres* ökologisch und ökonomisch abzusichern, um ihren Zielen jeden Tag ein Stückchen näher zu kommen, um ihr den notwendigen Denkraum zu geben, um über eine bessere Gesellschaft *nach-* und die Globale Moderne *vor*zudenken. Niemals aber ein *Zweck* an sich, und ein *Sinn* für Europa schon gar nicht!

Ob Europa für das *Politische* schlechthin noch die Kraft hat, ob dies in mittlerweile verseuchten und algorithmengesteuerten Öffentlichkeiten überhaupt noch zu leisten wäre, wird sich zeigen müssen. Es kann sein, dass das plötzliche Aufbäumen von Staatlichkeit, der fast schrille Ruf nach Solidarität, der zu Beginn der Krise europaweit allerorten erklang, jenes fast bekennende *„nobody left behind"*, nicht der Beginn eines Rucks war, der jetzt durch den europäischen Kontinent strömt, sondern im Gegenteil das kollektive Gewahrwerden eines Verlusts, den wir womöglich zutiefst betrauern werden: Europa!

Gestorben wäre Europa diesmal nicht in den Schützengräben. Sondern an der Chuzpe, sich in einem System einzunisten, von dem alle stets profitieren, aber für das niemand bezahlen will, weil *das bisschen Frieden*, was ist das schon wert? Es ist das große Geheimnis, das der Kapitalismus und alle auf sichtbare Effizienz gebürsteten Strukturen nie verstehen werden, nämlich dass die Dinge, die wirklich wertvoll sind – als da sind: Demokratie, Freiheit, Vertrauen, Freundschaft oder eben auch Europa –, buchstäblich unbezahlbar sind. Sie haben keinen Preis und zerstieben in dem Moment, in dem man den Rechenschieber anlegen will. Ihren Verlust bemerkt man meistens erst, wenn sie weg sind. Und dann ist es zu spät. Eigentlich ist das aber die schönste Corona-Lektion: Geld ist eigentlich immer genug da. *Anything goes!* Wir können alles gestalten – wenn wir nur wollen!

Anhang

Literatur

Wer weiterlesen und aktiv an Europa mitarbeiten will:

European Democracy Lab: www.eudemlab.eu
European Alternatives: www.euroalter.eu
#CitizensTakeOverEurope
#CoFuE Conference on the Future of Europe
www.Metropa.eu
TDEM. *Manifeste pour la Démocratisation de l'Europe*, www.tdem.eu (Changer l'Europe, c'est possible!), Manifest mit 100.000 Unterschriften, 2019

Es gibt Bibliotheken über die europäische Entwicklung *past–present–future*. Hier nur eine kleine Auswahl derjenigen Bücher, die ich im engeren Sinne als Grundlage für diesen Essay benutzt habe.

Assmann, Aleida (2018): Der europäische Traum. Vier Lehren aus der Geschichte, München: C.H. Beck.

Balibar, Étienne (2003): Sind wir Bürger Europas? Frankfurt: Suhrkamp.

Balibar, Étienne (2016): Crise et Fin? Lormont: Le Bord de l'Eau.

Beck, Ulrich / Grande, Edgar (2004): Das kosmopolitische Europa, Frankfurt: Suhrkamp.

Besson, Samantha / Utzinger, André (2008): Toward European Citizenship, Journal of Social Philosophy, Vol. 39, No. 2, S. 185–208.

EPRS / European Parliament Research Service (2019): Unlocking the potential of the EU Treaties. An Article-by-Article analysis of the scope for action, Brussels, EU 2019.

Ferry, Jean-Marc (2000): La Question de l'Etat Européen, Paris: Gallimard.

Gaudé, Laurent (2019): Nous, l'Europe – banquet des peuples, Paris: Actes Sud.

Gerhards, Jürgen (2020): Europäische Solidarität in der Corona-Krise, Berliner Studien zur Soziologie Europas, Arbeitspapier Nr. 41.

Göpel, Maja (2020): Unsere Welt neu denken: Eine Einladung, Berlin: Ullstein.

Habermas, Jürgen (2011): Zur Verfasstheit Europas. Ein Essay, Frankfurt: Suhrkamp.

Hennette, Stephanie / Piketty, Thomas / Sacriste, Guillaume / Vauchez, Antoine (2017): Pour un traité de démocratisation de l'Europe. Paris: Éditions du Seuil.

Hillje, Johannes / Pütz, Christine (2020): Selbstverständlich europäisch!? 2020. Der Auftrag für die EU-Ratspräsidentschaft, Heinrich-Böll-Stiftung & Progressives Zentrum.

Kaelble, Hartmut (2019): Die verkannten Bürger. Eine andere Geschichte der europäischen Integration. Frankfurt / New York: Campus.

Khannan, Parag (2008): Der Kampf um die zweite Welt. Berlin: Berlin Verlag.

Krastev, Ivan (2020): Ist heute schon morgen? Wie die Pandemie Europa verändert. Berlin: Ullstein.

Leonard, Mark (2006): Why Europe will run the 21st century. London: Public Affairs.

Menéndez, Augustín José / Olsen Espen D. H. (2020): Challenging European Citizenship. Ideas and Realities in Contrast, London: Palgrave Macmillan.

Piketty, Thomas (2014): Das Kapital im 21. Jahrhundert. München: C.H. Beck.

Reckwitz, Andreas (2019): Das Ende der Illusionen. Frankfurt: Suhrkamp.

Rifkin, Jeremy (2004): The European Dream: How Europe's Vision of the Future Is Quietly Eclipsing the American Dream. New York: Tarcher.

Rosanvallon, Pierre (1994): Le Sacre du Citoyen. Histoire du su rage universel en France, Paris: Editions Gallimard.

Russack, Sophia (2019): EU parliamentary democracy: how representative?, CEPS Policy Insights, No. 2019 / 07.

Savidan, Patrique (2004): République ou l'Europe, Paris: folio.

Sgueo, Gianluca (2020): Digital Democracy: Is the Future of Civic Engagement online? European Parliamentary Research Service.

Sloterdijk, Peter (1994): Falls Europa erwacht. Gedanken zum Programm einer Weltmacht am Ende des Zeitalters ihrer politischen Absence, Frankfurt: Suhrkamp.

Stratulat, Corina / Greubel, Johannes (2020): Preparing for the Conference on the Future of Europe: The known knowns of Citizens' Participation, Discussion Paper, European Policy Centre, King Badouin Foundation.

Verovšek, Peter J. (2020): Memory and the Future of Europe, Manchester: Manchester University Press.

Ramona Waldner Photography

Über die Autorin

Ulrike Guérot, Jahrgang 1964, ist eine der bekanntesten Europa-Spezialistinnen im deutschen Sprachraum. Die Politikwissenschaftlerin und Publizistin ist u. a. Professorin für Europapolitik und Demokratieforschung an der Donau-Universität Krems, Gründerin des European Democracy Lab. In ihrem ersten populären Sachbuch legt sie schonungslos dar, warum das Prinzip EU ins Trudeln geraten, Europa aber dennoch quicklebendig ist. Im Herbst 2019 wurde Ulrike Guérot mit dem Paul-Watzlawick-Ehrenring und dem Salzburger Landespreis für Zukunftsforschung ausgezeichnet.

DANKE

Ein Buch schreibt man nie allein, auch wenn dies ein „schnelles“ Buch ist, geschrieben in wenigen Wochen in eine Krise hinein, deren Folgen Europa noch lange begleiten werden. Mit vielen Freund*innen habe ich immer wieder während des Lockdowns darüber diskutiert, was jetzt eigentlich in Europa passieren müsste und ob wir endlich die Energie für große Veränderungen haben werden, die viele herbeisehnen. Für kritische Gespräche und das Kämmen meiner Gedanken und Manuskriptseiten danke ich Reinhard Blomert, Reimar Kirchhoff und Elmar Koenen, sowie all den vielen Studierenden, Diskutant*innen und Teilnehmer*innen der zahlreichen Online-Webinare, die während des Lockdowns stattgefunden haben.

Aber ein Buch entsteht auch nicht ohne ein Umfeld, das eine Struktur bietet: Für mich ist das mein Departement für Europapolitik und Demokratieforschung (DED) an der Donau-Universität Krems, das als Stiftungsprofessur mit den Mitteln der niederösterreichischen Landesregierung vor nunmehr fünf Jahren ins Leben gerufen wurde. Allen Mitarbeiter*innen dort – einem fantastischen Team! – sei hier auf diese Weise für die alltägliche Unterstützung von Herzen gedankt. Besonders aber der unermüdlichen Karin Mewald und dem fantastischen Michael Hunklinger! Ferner das European Democracy Lab (EDL e.V.) in Berlin, in dem die nächste Generation junger Europäer*innen arbeitet und das ein Teil jener europäischen Aktivist*innen und der #CitizensTakeOverEurope-Initiative ist, die beständig an einem anderen und besseren Europa arbeitet. Ihnen schulde ich mit Blick auf Europa ein permanentes „never give up!“ und die Hoffnung darauf, dass sie das Europa von morgen in der Art und Weise vollenden, wie die europäischen Gründerväter es gedacht haben. Wolfram Rhode-Liebenau gilt Dank für eine stete, großzügige Unterstützung des Labs. Jutta Allmendinger für einen Tisch im WZB für die Schlussredaktion.

Der mir einmal über den Küchentisch scherzhaft zugeworfene Satz meines jüngeren Sohnes – Europa tut's nicht, Maman (es ging um die Auseinandersetzung um Mega-Download) – ist mir permanenter Ansporn, an einem besseren Europa zu arbeiten; mein älterer Sohn, einer der vielen jungen Erasmus-Europäer, teilt mit mir den sorgenvollen Blick auf die europäische Emanzipation und Europas Rolle in der Welt: Mögen beide eine Zukunft haben, die dem entspricht, was Europa seit nunmehr 70 Jahren versprochen hat und hoffentlich halten kann: friedlich, prosperierend, innovativ und solidarisch und der Welt zugewandt.

Schließlich und endlich sei meinen Eltern gedankt, die aus der Ferne stets hartnäckig meine oft radikal nach vorne gebürsteten europäischen Thesen am rheinischen Stammtisch verteidigen: Genau dafür ist dieses Buch geschrieben – damit Europa am Stammtisch ankommt und dort ein für alle Mal für gut befunden wird!

Was für jeden im richtigen Leben gilt, das gilt auch für Europa: Wenn man sich seinen persönlichen Herausforderungen nicht stellt, überlebt man zwar meistens, aber man wird unglücklich. Irgendwann muss man die Dinge, die einem im Leben nicht passen, einfach ändern und sich einen Ruck geben. Mit Bequemlichkeit und Pragmatismus ist noch nie Großes erreicht worden. Und solange man die Dinge nicht ändert, kehren die immer gleichen Probleme wieder zurück. Man stirbt nicht an ihnen. Aber man verwelkt innerlich.

Das gilt auch für Europa.

Impressum

Möchten Sie mit Ulrike Guérot in Kontakt treten? Wir freuen uns auf Austausch und Anregung unter leserstimme@styriabooks.at

Inspirationen, Geschenkideen und gute Geschichten finden Sie auf www.styriabooks.at

ISBN 978-3-222-15062-3

Bücher aus der Verlagsgruppe Styria gibt es
in jeder Buchhandlung und im Online-Shop
www.styriabooks.at

Projektleitung: Ulli Steinwender, Sophie Wolf
Lektorat: Ulli Steinwender
Korrektorat: Joe Rabl
Redaktionelle Mitarbeit: Michael Hunklinger
Covergestaltung: Birgit Mayer
Layout und Buchgestaltung: Caroline Plank-Bachselten

Druck und Bindung: Finidr
Printed in the EU
7 6 5 4 3 2 1